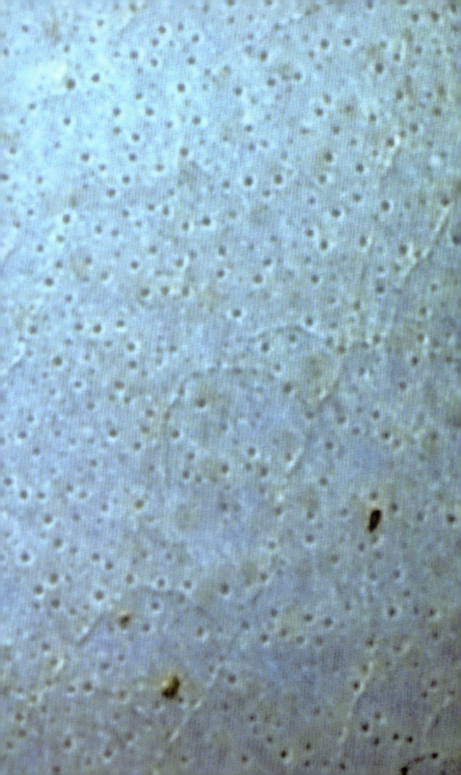

中国名窑遗址丛书

主编 马骋

钧窑

马骋 张晓楠 著

上海大学出版社

图书在版编目（CIP）数据

钧窑/马骋，张晓楠著.—2版.—上海：上海大学出版社，2022.3
(中国名窑遗址丛书)
ISBN 978-7-5671-4423-1

Ⅰ.①钧… Ⅱ.①马… ②张… Ⅲ.①钧窑—瓷窑遗址—研究 Ⅳ.①K878.54

中国版本图书馆CIP数据核字（2022）第034854号

责任编辑　柯国富
技术编辑　金　鑫　钱宇坤
装帧设计　谷　夫

书　　名	钧窑
著　　者	马　骋　张晓楠
出版发行	上海大学出版社
社　　址	上海市上大路99号
邮政编码	200444
网　　址	http://www.shupress.cn
发行热线	021-66135112
出 版 人	戴骏豪
印　　刷	上海华业装潢印刷厂
经　　销	各地新华书店
开　　本	889mm×1194mm　1/32
印　　张	4.75
字　　数	123千字
版　　次	2022年3月第2版
印　　次	2022年3月第1次
国际书号	ISBN 978-7-5671-4423-1/K·250
定　　价	48.00元

目 录

1	绪论
3	第一节　研究目的与意义
5	第二节　研究现状与方法
5	第一章　概况
5	第一节　钧窑遗址现状与自然环境
5	一、地理位置与生态环境
6	二、窑址分布与现状
11	第二节　历史源流
11	一、历史行政划分与建置沿革
14	二、钧窑创烧年代
25	三、历代产品烧造状况
34	四、历代钧瓷仿制与辨识
37	第三节　钧窑在中国陶瓷史上的地位及影响

1

41	第二章 出土遗物及产品工艺
41	第一节　烧制工艺
48	第二节　装饰工艺
49	第三节　产品造型及用途
50	一、日用器造型
53	二、陈设器造型
55	第四节　产品底款铭文
55	一、"奉华"底款
55	二、数字底款

59	第三章 瓷业经济与瓷业社会
59	第一节　宋元时期手工业与制瓷业的发展
59	一、宋元时期手工业概况
60	二、宋元时期制瓷业的发展
65	第二节　钧窑行业社会与技艺传承
65	一、钧窑行业社会
68	二、钧瓷技艺传承

73	第四章 时代背景与文化模式
73	第一节　社会环境与生活方式
74	第二节　审美时尚与钧瓷的人文内涵
77	第三节　文化模式的成型固化与文化产品的成功

85	**第五章 传统文化资源的现代转型与文化产品开发**
85	第一节 具有资本属性的文化资源实施产业化战略分析
87	第二节 钧窑文化产业集群与观察
87	一、文化产业集群与钧瓷文化创意产业园区现状
90	二、钧瓷产品特征与艺术品市场集群发展
95	三、钧瓷产业集群分析与思考
101	第三节 文化模式在钧瓷产业规模化发展中的运用
104	第四节 钧窑产业衍生文化产品的开发
107	**历代钧窑瓷器标本图典**
133	**主要参考文献**
135	**后 记**

中国名窑遗址丛书·钧窑

总 序

马 骋

我国目前面临着自改革开放以来最难以预料的发展困境,越来越多的有识之士发现,经济发展的实际结果与发展的预定目标正在出现相反的趋势。即经济发展的结果造成了自然环境恶化、贫富差距扩大、弱势群体不断增多、腐败现象蔓延、社会公平正义度严重降低。究其原因,是因为这种"旧式现代化"的发展是一种征服自然、控制资源、社会与个人不和谐的产物,使得许多方面陷入了极度紧张和冲突激变的现实境地,这是让社会与自然付出双重代价的现代性。在这种旧式现代性的推动下,丧失的是整个人类的自由和解放的理想前景。因为社会现代化的目标不仅仅是社会财富的积累和科学技术的提高,其最终目标是促使人的自由和解放。为此,学术界提出了"新型现代性"的概念,即那种以人为本、追求社会正义与公平、社会与个人和谐、社会与自然双盛、人和社会双赢的现代性,以此促进经济的可持续发展和社会向新型现代性的转型(参见王洪伟著《传统文化隐喻——禹州神垕钧瓷文化产业现代性转型的社会学研究》)。在这样的背景下,文化产业发展战略逐渐进入主流社会视野,以优秀民族文化资源带动经济发展战略,陶冶人的情操,提升社会文明程度,形成自然与社会和谐相处、追求人的自由和解放,已成为我国经济可持续发展和社会向新型现代性转型的一种具体运行模式。

当代中国社会已进入大众文化时代,大众文化是以技术工业的形式进行的,即将文化艺术变为文化工业,使得以往的文化艺术创造变成了模式化、流水线似的工业生产,在此意义上,文化艺术品与商品的界限被抹平了,大量的平庸文化产品充斥市场,表现为一味追求感官刺激,以瞬间的满足迷惑大众,将以往历史中一切有价值的东西全部消解,缺失了人文精神。因此,以优秀民族文化资源为依托开发当代文化产业,必须以开放的品格吸收文明遗产的人文内涵,借助一切以往艺术创造的成功经验,遵循文化艺术产品的审美规律,努力提升大众文化产品的精神愉悦性。

在国家统计局发布的《文化及其相关产业分类》这一我国文化产业唯一的官方标准中,将"文化保护和文化设施服务"列入"文化产业",其中明确具体地列出"文物及文化保护",包括"文物保护服务"和"文化遗产保护服务"。

综观世界各文化遗产保护先进国家,对文化遗产的保护已超越了被动消极的维护,在法律规范下,将文化遗产保护进行市场化运作,在文化遗产和文化产业之间已构成了良性互动。在确保文化遗产安全的前提下,让文化遗产借助于相关产业进入市场,并且带动交通、建筑、餐饮、音像、出版等各行业的发展,同时反过来强化了古物的修复和文化遗产的保护。

在我国诸多优秀文化遗产中,古陶瓷无疑是引人关注的,其中与中国(CHINA)同名的瓷器(china)几乎同四大发明一样,成为中国作为文明古国对世界文化的重大影响乃至对人类的贡献。作为一种优秀的文化资源,中国历代诸多著名古陶瓷品种目前正处于三种运行状态:未产业化、逐渐产业化和已经进入成熟的产业化运行状态。其中有些面临着如何进行产业化运作的问题,有些则面临着如何将陶瓷文化产业进行现代性转型,以提升产品的文化附加值和精神愉悦性,提高文化资本向经济资本转换的身价,在文化遗产和文化产业之间构成良性互动。这无疑让我们把探索研究的目光聚焦古陶瓷产地——中国历代名窑遗址。

法国社会学家皮埃尔·布迪厄(Pierre Bourdieu)认为资本有三种形式,即经济资本、文化资本和社会资本。经济资本是经济学理论认可的资本形态,可以直接转换为金钱;社会资本是关系型资本,也可以转换为经济资本;文化资本则泛指任何与文化及文化活动有关的有形和无形资产,在某种特定的条件下,也可以转换成资本。布迪厄又将"文化资本"分成三种形式:第一,身体化形态,表现为精神和身体的持久性形式,如文化、教育、修养而存在;第二,物化形态,即文学、绘画、纪念碑、书籍、机械等文化产品,是可以直接传递的;第三,制度化形态,即将文化资本的身体化形态以制度予以体现,并将其制度合法化。如通过知识与技能的考核,向文化资本身体化形态的个人发放文凭或资格证书等。同时布迪厄还认为,文化资本可以与经济资本实现转换。

借用布迪厄的"文化资本"理论来探索研究中国历代名窑遗址这一优秀文化遗产所包含的文化资源,我们不难发现其文化资本的三种形态分别为:第一,经过"家传"和师徒相传的方式掌握制作、烧制陶瓷技艺的艺匠,即陶瓷文化资本的"身体化形态";第二,历代名窑优秀陶瓷产品及产品工艺特征(具体包括原料与成形、器具与机械、窑具与烧成、胎釉与装饰等等),即文化资本的"物化形态";第三,列入全国重点文物保护名录,具有国家和地方认证、颁发的工艺美术师和工艺美术大师职称荣誉称号评定体系,抑或拥有陶瓷工艺学校乃至大学传授陶瓷技艺的教育,即文化资本的"制度化形态"。

但是作为文化遗产,历代优秀古陶瓷的现代产业开发,除了对传统工艺的发掘、恢复、继承之外,更要提升其产品的文化附加值,促其由文化资本向经济资本转换,除了其历史知名度之外,开掘其文化内涵和阐释其在历史传递中的文化影响力,不仅可以使陶瓷作品的单件价值提升,更重要的是将极大提高优秀古陶瓷在当代文化产业开发、运作中其文化资本向经济资本转换的身价,并提升文化产品的精神愉悦性。

"中国名窑遗址丛书"紧扣文化产业发展战略的时代脉搏,试图通过我国历代著名陶瓷古窑遗址(主要是民窑)的自然环境、各窑场遗存的窑炉遗址、窑具、瓷器、瓷片、烧成工艺等,较系统地还原历代名窑的产品工艺特征以及文化资本的物化形态。同时,通过对历代政治、经济、社会生活、文化形态、审美趣味、文人士大夫的文化品位和雅俗文化的对流等方面的探究,去发现历代著名瓷古窑之所以成为一代名窑的人文内涵和文化影响。继而通过对其瓷业经济形态,包括生产规模、流通渠道、对外贸易等方面的考察,从中开掘历代陶瓷名窑在培养文化产业创新人才方面所具有的文化价值和产业价值。这对于探索古陶瓷文化产业的开发、培养文化产业创新人才都有着十分重要的作用。

丛书各卷的研究方法在尽可能汇聚研究成果和文献资料的基础上,对历代名窑窑址进行实地考察,以窑炉、窑具和各窑场发现的瓷片为切入点,系统整理各名窑古瓷产品的器形、釉面装饰、瓷胎、圈足、底款等,从历代名窑名瓷的起点研究产品工艺和烧成工艺;并通过对其形成历史名窑的文化形态、历史和人文环境的研究,阐述研究者对其之所以成为一代名窑及产品的新认知。即试图从微观和宏观的层面上,从历史和现实的纵向联系中去把握研究对象所拥有的文化资本的特质。

是为序。

2011年2月1日于加拿大温哥华"尚古轩"

绪 论

第一节 研究目的与意义

近30年来，对于中国古陶瓷的研究一直沿着官、民两股道上"跑车"，官方的研究长期沿袭着对窑址的考古发掘和田野调查的方法，了解历代古陶瓷手工业的工艺流程，通过对遗址遗存物的断代、分期来认识区域瓷业的发展状况与变化轨迹，并结合相关的社会背景对历代瓷业遗存中的有关现象作出合理解释，最终描绘出一幅我国历代瓷业史的画卷。而随着近30年来陶瓷收藏的不断升温，民间对于历代古陶瓷的准确年代、产地、质地、市场价值等作了大量的研究，以期提高陶瓷收藏中涉及的鉴赏、估价等水平。其中也包含了一些当代陶瓷手工艺人对陶瓷工艺、纹饰、造型等工艺美术方面的研究，并留下了不少珍贵的文献。

但随着历代陶瓷收藏市场藏品供应量的萎缩和历代瓷器价格的急剧攀升，加之民间陶瓷研究涉及的领域过于狭窄，方法上经验多于实证，著述质量又参差不齐，因此民间陶瓷研究近年来显然已成强弩之末,代之而起的是学院派古陶瓷研究的兴起,众多学者运用考古资料、历代文献、实证研究等方法,对历代古陶瓷所包含的历史、文化、艺术等信息展开了更广泛的研究与探索。研究领域不断扩大,从民俗文化、历史地理、瓷业经济与瓷业社会、对外经济与文化交流、文化资源与文化产业等多个方面,结合现代科学理论作了跨度更大的多学科研究,并形成与考古研究成果的对流,取得了不少可喜的成果,发展势头十分强劲,逐渐对民间收藏类陶瓷研究、著述状况形成覆盖,掌握了古陶瓷研究中的主流话语权。

"中国名窑遗址丛书"作为华东政法大学文化产业创新人才培养基地的实训项目,研究定位即为"从民族文化资源到文化产业"。从对历代名窑遗址考察作为切入点,试图从历代陶瓷文化资源的微观和宏观层面上,从历史和现实的纵向联系中去把握研究对象所拥有的文化资本的特质,探寻其文化产业的现代转型,从中开掘历代陶瓷名窑在培养文化产业创新人才方面所具有的文化价值和产业价值。

随着对文化产业的研究深入,我们对历代古陶瓷文化资源向现代文化产业转化的研究领域也在不断扩大,不仅对历代古窑遗址的自然环境、各窑场遗存的窑炉遗址、窑具、瓷器、瓷片、烧成工艺等文化资本的物化形态进行考察;通过对历代社会生活、瓷业经济、瓷业社会、文化形态、审美趣味、文人士大夫的文化品位和雅俗文化的对流等方面,去发现历代著名陶瓷古窑之所以成为一代名窑的人文内涵和文化影响,同时,还将历代古陶瓷产业发展和技艺传承放在我国制瓷手工业发展的背景下考察。并在本书中突出两个方面的研究内容:一是"钧窑艺术品产业集群发展";二是"文化模式与产业规模化发展"。这是历代陶瓷研究中基本上还没有人尝试过的研究领域,也是华东政法大学文化产业专业在文物和艺术品业教学内容与研究领域中努力形成的学科特色。

杨吉华在《我国文化产业组织结构存在问题及优化对策》一文中认为,文化产业实际上是由演艺业、影视业、音像业、娱乐业、文化旅游业、网络文化业、图书报刊业、文物和艺术品业、会展业、艺术培训业等产业组织组成的产业群,其实也是文化产业内部的一种产业结构布局。[1]历代陶瓷作为文化产业内部结构中的"文物和艺术品业",在当今大力强调文化产业的集群发展背景下,正在形成产业集群发展的态势,创意园区成为历代名窑遗址地区瓷业经济的普遍现象。对钧瓷艺术品市场集群实践的观察和实证分析,对于提升民族文化资源从有形集聚到形成以艺术品市场为核心的文化产业创意集群发展,都具有重要的参考与借鉴意义。

此外,"文化模式与产业规模化发展"是笔者近来形成的文化产业研究成果,重点是要阐明"文化模式"的概念和文化模式与文化产品形成规模化生产的关系,从而推动产业规模化发展,这也许是本书可能的创新之处。由于丛书的定位与本书篇幅所限,笔者将在此研究的基础上,在以后的著述中继续将这一内容的研究进行延伸和完善。

第二节 研究现状与方法

钧窑研究迄今成果斐然,明清两代在文人别集、家书、清赏、笔记类著述中,留下了大量的研究、介绍钧瓷的文献。民国时期,荆子久写出了钧瓷研究专著《钧窑考证》,第一次系统而深入地对钧窑各个方面的问题进行探讨。新中国成立后,我国许多知名陶瓷专家、学者对钧瓷的研究硕果累累,内容包括钧瓷考古、钧瓷史、钧瓷志、钧瓷鉴赏和鉴定、钧瓷图录、钧瓷文献、古瓷器科技等。同时,钧瓷产地的著名艺人、文化官员、新闻记者、钧瓷藏家等,也步入钧瓷研究领域,出版了不少著作。归纳起来比较重要的著述有:陈万里、冯先铭等专家以及河南省文物考古研究所等有关钧瓷的专论与著述,何新所辑注《钧瓷历史文献辑注》,禹州市地方史志编纂委员会编《钧瓷志》、《中国钧瓷年鉴》,晋佩章著《钧瓷史话》、《中国钧瓷艺术》,王根发等著《中国钧瓷文化》、赵青云著《钧窑》，张金伟、李少颖著《钧台窑发现与探索》等。

从2010年开始，当地学者、河南大学的王洪伟博士陆续推出了一系列钧瓷研究专著，包括《中国钧瓷艺人录——政治、市场和技艺框架下传统手工艺人的社会学叙事》、《传统文化隐喻——禹州神垕钧瓷文化产业现代性转型的社会学研究》、《另一种钧窑史——钧瓷技艺的手工艺人口述及地方性知识想象》等，从社会学和新史学等视角，借用"文化资本"与"口述史"等前沿理论与方法，拓展了钧瓷研究领域，"以独特的理论视角侧重中国传统文化的精神和灵魂，旨在从中国陶瓷文化研究透视中国传统文化的精神灵魂即现代性转型的可能性路径"。[2]

本书以历史文献、考古资料、实物遗存为依据，从钧窑窑口入手，采用田野调查与实证分析的方法，在钧窑名文化资源与当代钧窑产业的传承联系上，研究从民族文化资源到文化产业这一传统文化资源现代转型的"活性"因素与形态。重点在两个方面：一是对优秀民族文化资源即本书研究的钧窑名文化资源的解读，论证其作为著名文化资源的价值依据和分析其在当代文化背景下存在的文化价值、产业价值的基础；二是对当代钧窑文化产业的观察与分析，在前者解读、分析的基础上研究钧窑艺术品产业集群发展和文化模式与产业规模化发展。

注释：

[1] 胡惠林主编：《我国文化产业发展战略理论文献研究综述》，上海人民出版社2010年版。

[2] 郑杭生为王洪伟、李建设著：《扎根的现代性：当代中国钧窑先锋艺术》所作的序言，海燕出版社2014年版。

第一章 概 况

第一节 钧窑遗址现状与自然环境

一、地理位置与生态环境

明代天顺年间,由李贤等编著的《大明一统志》卷二十六中记载:"开封府土产瓷器铁,俱钧州出。"[1]民国时期的荆子久在其著作《钧窑考证》中曾就禹县地名做过一番解释:"禹县古名钧台,宋名钧州,属于京西北路,其简写为均州者,宋时亦有此地名,属于京西南路,在今之湖北省北部,现名均县,河南之钧州,改为禹州,则由于朱明万历之避讳,古易钧为禹尚无大谬,如必简写为均则贻笑大方矣,试以字义及地名考之,钧台钧州之得名,当由于钧器……上古以器名地,后世则以地名窑。"[2]

禹州市位于河南省中部(图1-1),地处伏牛山余脉与豫东平原的过渡地带,颍河自西至东横贯全境。整个地势由西北向东南倾斜,山地主要分布在北部、西部及西南,海拔在500米以上,境内共有大小山峰913

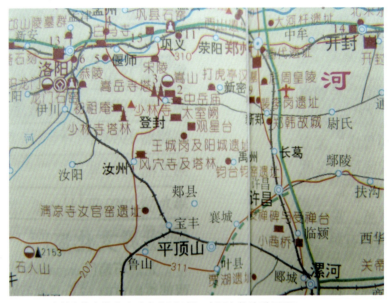

图1-1 禹州市钧台钧窑遗址方位图(据《中国文物旅游图册》)

座,以颍河为界,构成具茨、箕山两大山系。

禹州地区气候适宜,四季分明,属温带大陆性季风气候、半湿润地区。境内热量资源丰富,雨量充沛,光照充足,积温稍高无霜期长。

山中矿产资源丰富,主要矿藏有煤炭、铝矾土、铁、陶瓷黏土、高岭土、石灰石、硫磺等,为制瓷业的发展提供了充足的燃料和原料。其中陶瓷土主要分布于神垕、浅井、扒村、方山、文殊、磨街、鸿畅一带,由于陶瓷土储量丰实,形成了神垕、城区、扒村、方山四大陶瓷生产基地。

从地理位置上看,禹州市西邻洛阳,东邻许昌、汴梁,北有黄河,南有淮水、长江,陆路和水运交通都较为便利。

二、窑址分布与现状

禹州市陶瓷生产需要的大量燃料和瓷土资源主要分布在西南、西部、西北部、北部的山区,因此历代钧窑遗址也多集中分布在这些地区。截至1984年12月底的调查数字,禹州市分布历代窑址有160处之多。

禹州全市现有22个乡、镇,以神垕镇为中心有17个乡镇发现古窑址,约占总数的77%,并且颇具规模。其中除4处古窑址烧制"唐钧",其他瓷窑多以烧制钧瓷为主,同时也兼烧另外一些瓷器品种:如汝瓷、青白瓷、黑釉天目瓷、白地黑花瓷、珍珠地刻花瓷、宋三彩瓷、宋加彩瓷和绞胎、绞釉瓷等。

目前已发现的四处唐代古窑址有三处在苌庄乡,一处在神垕镇。苌庄乡三处古窑址之间相距不到两公里,总面积约9万平方米。在文化堆积层中仍然保留着大量的窑具、瓷片。瓷器器物有碗、罐、壶、盆等;釉色有黑、黄、褐、白4种。在装饰艺术上,有白釉饰绿色彩斑,有黑、褐釉饰蓝斑或白斑。

目前已发现的北宋钧窑遗址有四十余处,包括神垕镇的下白峪、上白峪、苗家门、茶叶沟、刘庄、赵家洼、槐树湾、刘家沟、石圪尖、刘家门、王家门、邓禹寨、霍垌、红石桥、西寺、于沟等。其他还有钧台窑、五洞口、五龙泉、花石、王桥、大涧、闵庄、吴庄、黄庄、神林店、接官亭、石峪、华沟、石圪节、铁炉沟、扒村、桃园、郭寨、磨街、方山、西柳村、鸿畅村等处。

钧台窑遗址分为官用和民用两大烧造区域,东部以烧钧瓷为主,西部以烧民用瓷为主。遗址中发掘出窑炉、作坊、泥池、灰坑,同时还发现窑具、瓷片、瓷土、泥料、石英、釉药、彩绘料等。

北宋民窑中规模最大、水平最高、品种最多的是神垕镇刘庄窑,所烧器物中尤以带把洗、菊花盘、折沿碟、盖盒等最为出色,真正达到了"葱倩肥厚、光彩夺目"的技艺高度,可与钧台钧窑产品媲美。1982年以后,钧瓷研究者又对该窑址进行了复查,收集到不少标本,该窑烧造品种多达40余种。

北宋民窑另一大窑场在神垕镇镇西的刘家沟窑址(图1-2、图1-3),东起崇音寺,西至小山头,总面积约3平方公里。古窑址很多,以地方俗称"七亩地"的地段内最密集,釉多天蓝色,与其他窑口相比有独到的

图1-2 刘家沟钧窑遗址

图1-3 刘家沟钧窑遗址瓷片

特色。[3]

在唐、宋、金古窑遗址中,神垕古钧瓷窑遗址、苌庄瓷窑遗址、扒村瓷窑遗址(图1-4)、钧台钧窑遗址(图1-5)都是古钧瓷重点窑区。钧瓷从其生产性质来看,神垕古钧瓷窑遗址、苌庄瓷窑遗址、扒村瓷窑遗址可视为一般民窑的代表,而禹州城内东北隅的钧台钧窑遗址则是官窑的代表。

元代时期的窑址以神垕镇为中心，遍及禹州市境，全市现在的22个乡镇中有5个乡镇发现了160多处窑址。东自顺店镇党寨村，西到鸠山乡的官寺村，南从神垕镇的上、下白峪村，到北面花石乡的桃园霜，在方圆500平方公里的范围内，集中了近2000座窑炉。

图1-4　扒村窑遗址

在神垕镇产瓷区，迄今考古工作还没有发掘出明代至清代中期的钧窑遗址。

新中国成立以来，针对钧窑的考古调查、发掘工作已开展过多次，对古代钧窑遗址的保护受到了当地政府的重视。1988年钧台钧窑遗址被列为全国重点文物保护单位。在2006年6月国务院公布的第六批全国重点文物保护单位名单中，"神垕钧窑址"（唐至元）与第三批全国重点

图1-5　钧台钧窑遗址

图1-6 北宋 钧台钧窑使用的馒头状倒烟窑

图1-7 钧台钧窑遗址出土的瓷片

图1-8 钧台钧窑遗址出土的瓷片与窑具

文物保护单位"钧台钧窑遗址"合并,称禹县钧窑址(图1-6、图1-7、图1-8)。

由于钧窑声名远播,致使仿钧之风遍及北方各地。据考古调查,目前发现烧造钧瓷的窑口已有4省27个县、市,河南省除禹州外,汝州、郏县、许昌、新密、登封、宝丰、鲁山、内乡、宜阳、新安、焦作、辉县、淇县、浚县、鹤壁、安阳、林州等地均有烧造。在河北磁县,山西浑源、介休和内蒙古呼和浩特市等地也烧造钧瓷。

第二节 历史源流

一、历史行政划分与建置沿革

禹州史称"夏墟",早在公元前5000年—前1800年间仰韶文化、龙山文化时期,即有先民从事农、牧、渔业活动。公元前21世纪,大禹治水有功,被尧封国于此,被称"夏禹国",春秋时期河南境内有40多个诸侯国家。禹境时属郑国,称"栎邑"。战国时期韩景侯九年(公元前400年),韩被周室承认为诸侯国,建都于此,遂改栎邑为阳翟。秦始皇二十六年(公元前221年),秦统一中国,分天下为36郡,置阳翟一带为颍川郡,郡治阳翟。

宋金时期,阳翟县属于京西北路下属的颍昌府管辖。宋靖康元年(1126年),金兵入主中原,宋室南迁,阳翟县归金管辖。其间名称多变,建置归属复杂。金大定二十四年(1184年),因境内有钧台旧址(图1-9),更名为钧州,钧州辖三县。

元朝仍沿钧州建置,治阳翟。元世祖至元二年(1265年),原隶郑州的新郑、密县亦改属钧州,共领三县。

明神宗万历三年(1575年),因避皇帝朱翊钧讳,钧州改为禹州。

清朝顺治二年(1645年),仍设禹州,归开封府管辖,领密县一县。清康熙元年(1662年),密县改隶开封府,禹州不再领县。清雍正二年(1724年),升禹州为直隶州,领新郑、密县二县。清雍正十三年(1735年),禹州由开封府改为许州府管辖。清乾隆六年(1741年),禹州复改归开封府管辖。

图1-9　古钧台

民国二年（1913年）3月1日，禹州降为禹县，隶豫东道。1914年6月2日，改隶开封道。1932年9月27日，改属河南第一行政督察区。1946年河南又划成12个区，禹县属第一区。

中华人民共和国成立后仍设禹县，先后隶属河南省许昌专署和许昌市。1988年6月25日，国务院批准禹县改为禹州市，为省直辖县级市，计划单列。

古老而又神秘的神垕镇（图1-10）有文字记载是从明朝开始的，而其名字的由来一直是一个谜。《新华字典》里专用字"垕"字介绍："垕，神垕，地名，在河南省。"神垕镇历史悠久。早在夏、商时期这里就有人类居住，从事农耕和冶陶。自唐代出现"唐钧"以来，神垕逐步发展成为中国北方陶瓷中心之一。宋时称神垕店，明代开始称神垕镇。清属文风里，民国初年仍属文风里，后设神垕镇。明清时期流行一首民谣："进入神垕山，七里长街观，七十二座窑，烟火遮住天，客商遍地走，日进斗金钱。"由此可见当时之繁华。

图1-10 神垕镇

新中国成立以后设神垕镇，1958年人民公社时改为火箭公社，1961年体制变动成立神垕区。1968年改称神垕公社，1981年改建神垕镇至今。

悠久的历史给神垕镇留下了丰富的文物古迹。目前，神垕镇区有国家级重点文物保护单位1处、省级文物保护单位3处，各种古寺庙、古民居（图1-11）、古祠堂等40余处，大多数分布于以老街为核心（图1-12、图1-13），面积达3平方公里的古镇区内。

图1-11 神垕镇老街上的古民居

图1-12 神垕镇老街

图1-13 神垕镇街口的驺虞石雕

二、钧窑创烧年代

宋辽金陶瓷研究面临的一个最具争议性的课题就是钧窑瓷器的创烧年代。这是因为在宋、元时期的文献中缺乏对钧窑的直接记述,而几乎同时期的窑场或瓷器种类很多,如定窑、汝窑、官窑、越窑、龙泉窑、建窑、景德镇窑等较重要窑口均有同时代的文献记载。

关于钧窑的最早文献记录，见于明朝吕震等编撰的《宣德鼎彝谱》卷一。其照录宣德三年（1428年）圣谕，有宣德皇帝令"内库所藏柴、汝、官、哥、钧、定各窑器皿款式典雅者，写图进呈拣选，照依原样，勒限铸成"等记载。

至明朝中后期，钧窑开始较多地出现于清赏类著述和笔记等作品中。成书于明弘治十七年（1504年）的《宋氏家规部》卷四"窑类条"下记："钧州窑深紫色者，粉青色带微紫者，质甚厚。"稍后的陆深所著《俨山集》卷九十八《京中家书二十三首》记："今寄回钧州缸一只，可盛吾家旧昆山石，却须令胡匠做一圆架座，朱红漆……钧州葵花水盎一付，又有菱花水底一个，可配作两付，以为文房之饰……"

万历十九年（1591年），高濂的《遵生八笺》中《燕闲清赏笺》"论诸品窑器"条下记钧窑曰："若均州窑，有朱砂红、葱翠青（俗谓鹦哥绿）、茄皮紫。红若胭脂，青若葱翠，紫若墨黑，三者色纯无少变露者为上品。底有一、二数目字号为记。猪肝色，火里红，青绿错杂若垂涎色，皆上三色之烧不足者，非别有此色样。俗即取作鼻涕涎、猪干等名，是可笑耳。此窑惟种蒲盆底佳甚，其他如坐墩、炉、盒、方瓶、罐子，俱以黄沙泥为坯，故气质粗厚不佳。杂物，人多不尚。近年新烧此窑，皆以宜兴沙土为骨，洇水微似，制有佳者，但不耐用，俱无足取。"而出于同时代的黄一正著《事物绀珠》记："钧州窑，器大，稍具诸色，光彩太露。"

万历二十三年（1595年），张应文之子张谦德著有《瓶花谱》一卷，自言为稚龄时所著。《瓶花谱》大体承乃父之论，不过将钧窑后推一位，列于龙泉之后。记曰："古无磁瓶，皆以铜为之。至唐始尚窑器。厥后有柴、汝、官、哥、定、龙泉、均州、章生、乌泥、宣、成等窑，而品类多矣。尚古莫如铜器，窑则柴、汝最贵，而世绝无之，官、哥、定为当今第一珍品，而龙泉、均州、章生、乌泥、成化等瓶，亦以次见重矣。"另记："古铜壶、龙泉、均州瓶，有极大高三二尺者，别无可用，冬日投以硫黄，斫大枝梅花插供亦得。"

明万历二十四年（1596年），张应文的《清秘藏》卷上《论窑器》条曰："均州窑红若胭脂者为最，青若葱翠色，紫若墨色者次之，色纯而底有一、二数目字号者佳，其杂色者无足取。均州窑之下有龙泉窑……"

同时期张应文的女婿董其昌所编《筠轩清閟录》所记与张应文基本类同。

文震亨于天启元年（1624年）编著的《长物志》，其卷七《器具·海论铜玉雕刻窑器》条记述钧窑："均州窑色如胭脂者为上，青若葱翠、紫若黑色者次之，杂色者不贵。"

崇祯时方以智的《通雅》卷三十三所记："其曰均州，有五色，即汝窑一类也。窑变则时有之，报国寺观音，窑变也。"这条记录提及了十分令人关注的钧窑、汝窑的关系问题和钧窑的窑变现象。尽管其所述之北京西城区的报国寺观音，乃景德镇窑产品，但仍然是明末最有价值的记载。在其所著的另外一本著作《物理小识》中的"窑器本末"条中同样讲到了汝、钧之间的关系："柴汝官哥定，宋窑之名也……定州白磁有芒，遂命汝州造青窑器。均州五色，皆汝之类也。"

清嘉庆朝以前，有两条记载较重要，一为佚名之《南窑笔记》所记："钧窑，北宋均州所造，多盆奁、水底、花盆器皿。颜色大红、玫瑰紫、驴肝、马肺、月白、红霞等色。骨子粗黄泥色，底釉如淡牙色，有一、二数目字样于底足之间，盖配合一副之记号也。釉水葱蒨肥厚，光彩夺目。"另一条记载是清嘉庆年间，蓝浦所撰《景德镇陶录》，其卷六《镇仿古窑考》记："均窑，亦宋初所烧，出钧台，钧台宋亦称钧州，即今河南之禹州也。土脉细，釉具五色，有兔丝纹……案：唐说特就古均器言之耳。若今镇陶所仿均器，土质既佳，瓶、炉尤多美者。"以上两书均明确指出钧窑产于北宋，《景德镇陶录》更点明钧窑为宋初之窑，指出了钧窑的产地及清前期景德镇仿钧瓷，又指出钧窑"土脉细"，与此前诸书所载大不相同。

晚清时期,陈浏所著《匋雅》为陈所记亲身经历,对晚清民国初年北京陶瓷市场情况的记载补前此诸书之未逮。其卷上曰:"古窑之存于今世者,在宋曰'均'、曰'汝'、曰'定'、曰'官'、曰'哥'、曰'龙泉'、曰'建',曰'元之紫釉'……柴则无可征考,官、哥虽甚古茂,而不甚见重于当世。盖仿制较多,真者千不得一。上所胪列,釉质之润、颜料之美,即已各擅胜场矣。"陈浏是将钧窑列为宋窑第一的唯一之人,在《匋雅》中对钧瓷所记甚详,并赞不绝口,如:"有以唐诗赞均窑者曰'夕阳紫翠忽成岚',此可以知其釉汁之美矣。"

清末民初的徐之衡著《饮流斋说瓷》中"概说第一"记:"吾华制瓷,可分为三大时期,曰宋,曰明,曰清。宋最有名之窑有五,所谓柴、汝、官、哥、定是也。更有钧窑,亦甚可贵,其余各窑,则统名之曰小窑。"[4]

民国时期吴仁敬、辛安潮所著《中国陶瓷史》在记钧窑特征时曰:"当时(宋代)瓷艺,既精进如斯,故官窑辈出,私窑蜂起,其间出群拔萃最著名者,有定、汝、官、哥、弟、均等名窑。"[5]

赵汝珍《古玩指南》(成书于1942年)亦曰:"在宋代由于帝王的提倡,社会人士争相仿效,于是官窑辈出,私窑蜂起,其间出类拔萃著称于世的有:定、汝、官、哥、龙泉、均窑等名窑。"[6]

新中国成立后,考古与博物馆界、陶瓷科技界、陶瓷艺术界、陶瓷生产厂家、陶瓷收藏界与古陶瓷爱好者等诸多人士,发表了大量的有关钧窑与钧瓷历史与考古、钧瓷科学与生产技术、钧瓷鉴定与艺术欣赏以及钧瓷文化探讨等方面的论文,并出版了一大批相关著作。

1950年,陈万里对河南临汝县汝窑遗址和禹县钧窑遗址作短暂调查后,在1957年出版的《中国青瓷史略》"七、异军突起的钧窑"一节中写道:"它(钧窑)的兴起,与汝窑的衰落有密切的关系,就是说,临汝窑到了北宋末年,经过靖康之变是毁灭了,而紧邻着临汝东北乡大峪店的阳翟县野猪沟(东距神垕镇十里),就烧造了一种不同于临汝所烧的青釉器。这是在北方金人统治之下以及元代一百年间的产物。"[7]

关松房在1958年第2期《文物参考资料》上发表了《金代瓷器和钧窑的问题》一文。该文认为中国古代名窑多因地得名，钧州之名始于金世宗大定二十四年（1184年），因此钧窑肯定建于金大定之后。

1963年轻工业部陶瓷研究所编《中国的瓷器》在介绍钧窑时则综合了以上说法，认为："钧窑就是金瓷的代表，钧窑是北宋以后继汝窑而起的北方最有名的窑。钧州是始于金大定二十四年，窑以钧州名。也当在金统治时期。"

1964年3月，故宫博物院冯先铭、叶喆民、方国锦、杜乃松四人与河南省文物工作队李景昌等人赴临汝县、禹县复查汝窑、钧窑遗址。调查结束后，冯先铭在当年《文物》杂志第8期发表《河南临汝县宋代汝窑遗址调查》一文，该文中记述了作者等数人在临汝县调查出的8处宋代钧窑遗址的地理位置、窑址布局和器物标本类型等情况。作者提出了汝窑与钧窑在造型、纹饰以及胎釉等三个方面的区别。作者认为钧窑为宋代北方四个主要瓷窑体系之一，它同定州窑、耀州窑一样被统治阶级赏识，"不过是文献没有留下记载而已"，禹县"神垕镇的钧窑始烧年代应在北宋，而不是始于金"。

1974—1975年，河南省文物工作队对禹县钧台窑八卦洞区域进行了发掘。赵青云在1975年《文物》第6期发表《河南禹县钧台窑址的发掘》一文。该文介绍了此次发掘所取得的成果：发掘面积700平方米，清理出11座窑炉、瓷窑作坊、灰坑等遗迹，发现大量窑具、瓷器、瓷土、釉药、彩料和砖、瓦、瓦当等建筑材料。同时出土的还有瓷土制作的"宣和元宝"方形钱范。作者认为钧窑创烧于北宋早期，禹县神垕镇钧窑钧瓷产品同邻近的临汝县钧瓷产品有着同等声誉。钧瓷铜红釉是烧瓷工艺的一种创新，多种窑变釉色为当时其他窑口所不及。钧窑的大发展与金兵南下，黄河北岸众多窑口落入金人之手，从而为钧窑留下市场空间有关。

1980年《文物》第5期发表了李辉柄、李知宴撰《河南鲁山段店窑》

一文。该文认为一般在探讨钧窑起源问题时,往往要提到唐代一种黑釉带乳白色或乳白色中呈现蓝色斑的"花瓷"。由于钧窑瓷器在工艺上与"花瓷"相似,人们曾称之为"唐钧"。禹县上白峪窑也烧造"花瓷",北宋时期,钧台窑就是在烧造"花瓷"基础上,创造性地烧出了铜红釉的钧窑瓷器。

1982年,中国硅酸盐学会编《中国陶瓷史》由文物出版社出版发行。该书对钧窑作了较全面的论述并给予较高评价。认为:"钧窑始烧于北宋,金元时期继续烧钧瓷,并兼烧白底黑花及黑釉器。北宋时钧窑已影响河南省内一些瓷窑,金元时期影响面更为扩大,不仅今河南省内钧瓷的瓷窑有了显著的增加,而且影响及今河北、山西两省,形成了一个钧窑系","钧窑早期历史与唐代花瓷有关"。[8] 2001年,上海古籍出版社出版由冯先铭主编的《中国陶瓷》一书中,也将钧窑确认为宋代著名瓷窑之一。其中刘家门窑为民窑,钧台窑则属官窑。同时提到在对钧台窑址进行发掘时,还出土了用瓷土制作的"宣和元宝"钱范,与宫廷用瓷为同一时期产物,表明宫廷用瓷为北宋晚期,并提示人们北宋后期是钧窑的鼎盛时期。

从以上种种文献可以看出,自明代开始直至民国,陶瓷界对于钧窑的创烧即有不同看法。

新中国成立后,学术界亦有钧窑创烧于"唐代说"、"北宋说"、"金代说"等不同观点。

另外还有一种"元代说",支持者主要为重考证的西方学者。其认为钧瓷在宋代墓葬中不见出土,而多见于元代墓葬与遗址中,且当今国内外博物馆等所藏大多为元钧,从而认定"宋无钧瓷"。日本及我国学者还相继提出了"明代说"。

近年来,深圳市文物管理与考古机构通过一些著作和论文,对钧窑创烧年代和官钧的年代提出了自己的观点,颇为引人注目。

2004年,文物出版社出版了深圳市文物管理委员会办公室研究课题

《宋辽金纪年瓷器》一书，作者刘涛将"钧窑瓷器源流及其年代"（原载《文物》2002年第2期）一文附在本书的附论首篇。该文认为："北宋末年，汝州的天青、豆绿釉瓷烧造趋于衰落，不过汝窑本身没有毁灭，'汝钧'与'磁州窑类型'瓷器等逐渐成为其烧造主流。据当地文物工作者统计，在汝州现已发现的40多处古窑址中，专烧天蓝釉瓷（'汝钧'——钧瓷）或以天蓝釉瓷为主的窑址就达37处之多。由此观察，便会在至今仍混沌一团的钧窑前期历史中发现，钧瓷的产生、发展与汝瓷有着密切的关系；它最初可能是作为'民汝'的一部分或一个分支，在对汝瓷的仿烧中经历了'亦汝亦钧'的演变过程，逐步形成了一个独立的品种；它大量烧造并形成气候而成为北方地区有影响的瓷器品种，当在金元时期。"

这一观点令人想到明代崇祯时方以智所著的《通雅》、《物理小识》中所记载："其曰均州，有五色，即汝窑一类也。""柴汝官哥定，宋窑之名也……定州白磁有芒，逐命汝州造青窑器。均州五色，皆汝之类也。"但此处的"类"字可以作两种解释：一为"同类"，那方以智的意思就是钧瓷是汝瓷的一部分，不是一个独立品种；二为"类似"，这样方以智的意思就是钧瓷是独立的品种，只是类似汝窑。笔者不是训诂学专家，因此对前人观点无法定夺，但总体而言，刘涛的观点十分接近陈万里、关松房的"金代说"。

2004年，随着禹州钧台窑范围内的制药厂院开发（图1-14），深圳文物考古鉴定所在前期获得了一批文物标本，并投入大量的物力和精力进行了研究。他们从明清文献、器物排比、"宣和元宝"钱范、钧瓷"奉化"铭、"艮嶽"与"花石纲"等问题上找到诸多疑点，并一一用来推翻钧窑始于宋代的观点。同时，他们还提出："当前对于官钧的研究，其目的与意义似已超出了单纯的年代考证，坚持还是背离以考古学为基础，靠材料说话的实证路径，才是我们要正视的问题。"[9]

基于深圳文物考古鉴定所十分强调以考古学为基础的实证路径，那么我们再来看看考古学家的观点。张之恒主编的《中国考古通论》

图1-14　2004年，原禹州制药厂钧窑遗址发掘现场、窑炉遗迹和出土的执壶。来源：雅昌艺术网

对钧窑的创烧年代是这样叙述的："钧窑窑址位于今禹州市区北关的钧台与八卦洞附近，因靠近钧台而得名。禹州只是在金代大定二十四年（1184年）以后的一段时间内称为钧州，因此过去有学者认为钧窑始建于金代后期。1974年，河南省考古工作者对该窑址进行了大规模的发掘，清理出窑炉、作坊等制瓷遗迹，出土了上千件瓷器标本。发掘者从窑址中发现的1件用瓷泥制作的'宣和元宝'钱范推断，钧窑约始烧于北宋末年。"

2004年,河南省文物考古研究所再次对禹州钧台窑址进行考古发掘,清理宋代炉窑4座。出土瓷器种类繁多,其中钧釉瓷器包括各类花盆、盆托、出戟尊、鼓钉洗、炉、盘、钵、碗等,以陈设类器物为大宗。釉色主要有天蓝、月白、紫红、碧蓝诸色,器表釉面上常留有蚯蚓走泥纹或开片,在花盆类器物底部还刻有一个从一到十的数字……2001年禹州市神垕镇的刘家门、河北地等窑址进行了发掘,清理出窑炉遗迹8座和石砌澄泥池3处,出土完整和可复原器物数千件,进一步确定了钧窑瓷器的烧制年代问题。(参见秦大树文《钧窑始烧年代考》,载《华夏考古》2004年第2期。该文结论为"钧窑是北宋末期兴起的一个以生产高档瓷器为主的窑场"——笔者注)

发掘证明,钧窑最迟始烧于北宋末年,其开创的用铜的氧化物作着色剂,在还原气氛下烧制成功铜红釉,为我国陶瓷工艺、陶瓷美学开辟了一个新的境界,对后来的陶瓷业有着深刻的影响。[10]

考古学研究的对象是人类生产和生活的文化遗存,包括遗迹与遗物。按照考古学的年代范围、对象、手段和方法的不同,钧窑创烧年代的考证涉及历史考古学和田野考古学两大门类,以及古文字和铭刻学、古钱币学和美术考古学等几个分支。当然还包括借助自然科学的方法测定考古文化的年代,如用热释光测定陶器及其他火烧黏土样品等。田野考古学确定相对年代,主要依靠地层学和类型学的研究,其中有用遗物来判断地层年代的方法,包括依靠古钱币。而历史考古学判断绝对年代的方法主要依靠文献记载和年历学的研究。其中碑碣、墓志、简牍以及其他器物的纪年铭文是确定绝对年代的可靠依据。其他还有根据书籍记载和口头传说来确定遗迹和遗物的年代,但其可靠性要低于上述文献记载。

根据20世纪70年代以来已发表的文字资料来看,对钧窑创烧年代所依据的田野考古资料,基本上都围绕着河南省文物工作者在1974年和2004年两次大规模的对禹州钧台窑遗址的发掘,以及在它的文化层中所发现的实物资料。只是河南省文物工作者侧重地层学的方法,其中使用了古钱币的钱范来推断钧窑的创烧年代;而深圳文物考古鉴定所似乎更注重用类型学的方法进行器物排比。[11] 两者都是考古学确定年代的基本方法;从历史考古学方法来看,河南省文物工作者依据的是明清时期有关钧窑创烧于"北宋说"的文献记载,而深圳文物考古机构认为不能在明清文献的基础上进行推测。

用古钱币钱范来判断地层的年代从而确定钧窑的创烧,从考古学的方法上来说十分可靠,钱范与钱币不是一回事,后者有可能长期使用而影响历史年代的确认,但钱范是同时代的产物,比钱币更可靠。其次,北宋钱币并没有在金代沿用,金代钱币的一个特点是效仿北宋和辽代——"立新年号,即铸新钱",而金世宗大定十八年(1178年)铸行的是大定通宝钱。

同样,通过器物排比确定钧窑的创烧年代,也是考古学中器物类型学研究的一种方法,但是有其局限性。类型学分析属于不完全归纳法,排出的序列和总结出的规律都有一定的假定成份,随着新资料的积累,需要作补充或修改;在资料不足的情况下,甚至会完全不反映实际情况,需要在资料增加后重新排队。

从历史考古学角度来看,书籍文献的证明力低于碑碣、墓志、简牍以及其他器物的纪年铭文,而明清文献也弱于宋代文献直接记载钧窑的创烧年代,但在没有宋代文献直接记载的情况下,明清文献可以佐证与支持田野考古的发现,形成证据链,因此具有一定的证明力。

文物出版社2004年出版的深圳市文物管理委员会办公室研究课题《宋辽金纪年瓷器》一书的作者刘涛,在该书附录的第二篇文章《对汝瓷、"钧瓷"的几点认识》中,似乎对钧瓷创烧年代的认识有所转变,他在最后对"钧瓷"的性质、特点和年代等试作归纳与补充时这样写道:"'汝钧'可归纳入钧瓷范畴,或根据其特点,定性为'早期钧瓷'……'汝钧'的烧造主要是在金代……在此之前,'汝钧'也有少量烧造,某些种类器物的年代或可早到北宋末年。"

2011年9月22日，北京大学考古文博学院与河南省文物考古研究所钧窑联合考古发掘队，在河南省禹州市鸠山镇闵庄村钧窑遗址进行为期3个月的考古发掘工作。由于钧台窑址作为第三批全国重点文物保护单位，大部分遗址叠压在现代城市建筑和居民住宅地层之下，目前难以寻找考古发掘的地点和机会。在当前不具备对钧台窑进一步开展考古发掘的情况下，该考古发掘队认为对闵庄钧窑遗址开展发掘不失为一种有效可行的选择。

通过发掘和对一个小区的初步整理，考古发掘队总结出本次发掘的几项主要收获：其中发现并清理了从北宋后期到明代初年的地层。从4个发掘地点的地层堆积及出土物看，闵庄窑址的生产大体可以分为四个大的时期……第二阶段为北宋末到金代早中期，是窑场生产的第一个高峰时期，地层中出土了较多精美的钧釉和青釉器物。钧窑器物制作规整，造型优美，釉层较薄，釉色淡雅，匀净润泽；青釉器物一般釉质明丽，玻璃质感较强，两类器物多采用裹住支烧或裹足刮釉的装烧方法；与以往在禹州神垕刘家门窑址发掘的第一期地层出土的器物十分相似。可以说这时期是禹州境内窑业的一个发展时期，一些重要的窑场开始生产钧釉瓷器。[12]

总结以上的叙述，根据钧窑文化层中发现的很多珍贵的实物资料，到目前为止基本解决了多年来钧瓷创烧年代研究中争论不休的重要问题。作为北宋时期的五大名瓷之一，应当说钧窑是在受唐代花釉瓷的影响下创烧于北宋时期，至北宋末年出现御用官窑，在金元时期则形成一个庞大的钧窑系，其在中国陶瓷史上占据着十分重要的地位。

当然，科学探索是永无止境的，坦诚、负责的学术争鸣本身就是一种健康的学风。在钧窑创烧年代方面展开的学术争鸣有利于推动钧窑的研究与探索，文物考古工作者为此付出的热情、努力与艰辛也是非常值得肯定的。但是科学探索还是要遵循"大胆设想，谨慎求证"的原则，尤其对学术界已有定论的观点。在新中国成立以后的科学研究过程中所形成的钧窑创烧于北宋时期的结论，已为我国文物考古界普遍接收，对这一结论的质疑不仅需要勇气，更需要求证谨慎扎实，做到无懈可击。这里首先要摆正"立论"与"驳论"的位置。

从1950年开始，学术界对钧窑遗址的考察和发表的观点基本都是属于围绕钧窑创烧年代所作的"立论"，虽然也经历了"金代说"的探讨争鸣过程，但是经过1974年和2004年两次对钧窑遗址大规模的发掘与整理，钧窑始烧年代"北宋说"在学术界得到确立。原因在于"立论"者使用了田野考古学和历史考古学的基本方法，只要方法科学，结论自然成立。

但对已有的结论提出质疑，继而寻求对结论的颠覆，属于"驳论"，除了方法科学、求证严密，还要做到天衣无缝，无懈可击，并禁得起挑剔的批评与苛刻的质询，最终形成对"立论"的全面覆盖，才能令人信服的成为"新立论"。这种信服不仅仅是来自立论者，而是要为文物考古学界所普遍接受，这就是"驳论"所处的位置。

在钧窑创烧年代的争鸣中，"驳论派"声起，立即招致"立论派"的质疑，同时又有新的考古发掘成果来支持"立论派"，甚至"驳论派"中也有学者开始犹疑，并似乎表现出倾向"立论派"的观点，因此，要想颠覆已为文物考古界普遍接受的"立论派"关于钧窑创烧年代的结论，目前显然尚不具备条件。当然科学探索永远无法阻止严肃、负责的质疑之声。

当前官钧窑创烧年代的争议比钧窑创烧年代的争鸣更复杂，但其过程中所遵循的原则和各方应当摆正的位置应该是一样的。

三、历代产品烧造状况

目前学术界对唐代花釉瓷与后世钧瓷的渊源继承关系有不少共识，至少可以确定的是，钧瓷是在唐代花釉瓷影响下创烧于北宋时期，因此历代钧瓷产品的烧造无疑要追溯到唐代花釉瓷。唐代禹州苌庄窑、神垕窑、钧台窑生产的花釉瓷规模庞大,其中有一种黑釉带乳白色或白色中呈现针状蓝色斑点的花瓷,其胎釉产地、元素组成与装饰釉特征与后世钧瓷有诸多共同之处,学术界有学者将其称之为"唐钧"(图1-15、图1-16)。"唐钧"的造型以实用器皿为主,如碗、盘、罐、坛、壶、杯、瓶等,也有拍鼓以及装饰品类动物等产品。[13]

图1-15 唐代 苌庄窑花釉执壶

图1-16 唐代 黑釉彩斑注子（残）

北宋时，禹州称阳翟，属颖昌府，隶京西北路。目前考古发现的北宋窑址多达四十余处，其中包括神垕镇刘庄、上白峪、下白峪、于沟、张庄、茶叶沟、槐树湾、磨街等地，以神垕大刘山脚下最为集中，而城区北关钧台钧窑最为著名。

钧台钧窑出土瓷器品种繁多，釉色多样，注重装饰，窑变美妙。北宋时期,由于钧瓷技术精湛,釉色多变,红紫相映,倍受宫廷赏识与偏爱,钧台钧窑成为御用官窑,专为皇宫烧制盆景所需用的各类花盆,包括盆和盆托等美术陈设品(图1-17至图1-20)。北宋末年,战火频繁,钧台窑官窑窑口也随之停烧废弃。

钧台钧窑作为北宋时期全国五大名窑之一,其产品造型端庄、典

图1-17　北宋　钧官窑瓷片

图1-18　北宋　钧官窑带鼓钉瓷片1、2

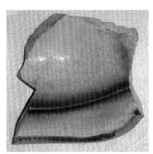

图1-19 北宋 钧官窑瓷片

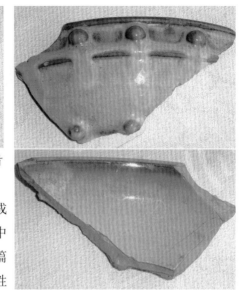

图1-20 北宋 钧官窑带鼓钉瓷片1、2

雅,窑变美妙、釉色丰富。尤其钧瓷铜红釉的烧制成功是窑工的伟大创造,为中国陶瓷史谱写了光辉的篇章。钧台钧窑是一处综合性的窑场,既烧钧瓷,又烧汝瓷、影青瓷、天目瓷、白地黑花、宋三彩、宋加彩、剔釉、绞胎等众多品种,各类瓷艺的综合交流,对钧瓷的烧制工艺具有促进作用。

1974年河南省文物考古工作者对钧台窑遗址进行了科学发掘,以后又不断配合基建施工前的勘探发掘。

从发掘出的标本看,宋徽宗在位25年间,是钧瓷生产的鼎盛时期。这个时期盛烧的钧瓷是在民窑天青釉和紫红斑釉的基础上,成功地创烧了蓝、红、紫、青诸色错综掩映的窑变釉,由北宋早期的青一色发展到"官钧"青紫并重的基本格调。青蓝釉施于器内,红紫釉多施器外,也有少数是内外皆施青蓝釉的。但官钧青蓝釉不像早期宋钧那样纯粹单一,而是在一个较深的蓝色背景上布满带月白汗珠状的流纹(泪痕纹),少数烧制工艺水平高的则遍布"蚯蚓走泥纹"(图1-21),或在一个紫色背景上遍布蓝白色流纹,此即一些文献所称的"宋钧之紫汗漫全体,青葱紫倩蜡泪之成堆"。从釉的艺术风格看,官钧和早期宋钧也截然不同,它追求的是模仿花玛瑙一般"花"的效果,或大自然中瞬息万变的

图1-21　北宋　钧官窑瓷片,可见清晰的蚯蚓走泥纹

自然景观。从遗址中发掘出来的大量官钧瓷片和残器标本看,釉色极为丰富,大体分红、青两大类十余种窑变色彩,青者如月白、天青、天蓝、葱绿、米黄,红者如茄皮紫、海棠红、玫瑰紫、胭脂红、葡萄紫、鸡血红、丁香紫、火焰红等。

此时钧窑釉色那种莹光般含蓄的乳光状态和绚丽多姿的窑变艺术效果臻于完美,构成钧瓷独特风采和巧夺天工的精湛艺术效果,让世人为之倾倒,故获得"钧瓷无对、窑变无双、千钧万为、意境无穷"的美称。

这个时期的钧窑作品形制繁多,工艺规整,端庄浑厚,胎厚釉活,精美绝伦。具有代表性的是尊、炉、鼎、洗、盆、奁、杯、盏、瓶、钵、盘、碗、盒、枕、座墩等十余种。尤以花盆为多,如葵花式、莲花式、海棠式、方形和长方形等。器底呈芝麻酱色,器表有片纹,莹润浑厚,绚丽夺目。官钧的上好制品入选后,其残次品全部销毁,不准在民间流传和收藏,故钧台窑作品传世极少而身价也极高。钧台窑遗址出土之器物比民窑品种和釉色要多,不仅为禹境诸窑之冠,即在整个钧窑系中亦为首屈一指。这说明钧台窑生产,在工艺上精益求精,在经济上不惜工本,属于非商品性烧造。

北宋民窑中规模最大、水平最高、品种最多的是神垕镇刘庄窑,所烧器物中尤以带把洗、菊花盘、折沿碟、盖盒等最为出色,真正达到了"葱倩肥厚、光彩夺目"的技艺高度,可与钧台钧窑产品媲美。1982年以后，钧瓷研究者又对该窑址进行了复查，收集到不少标本，该窑烧造品种多达40余种。

北宋民窑另一大窑场在神垕镇镇西的刘家沟窑址，东起崇音寺，西至小山头，总面积约3平方公里。古窑址很多，以地方俗称"七亩地"的地段内最密集，釉多天蓝色，与其他窑口相比有独到的特色。

宋元时期，工匠作为比较自由的劳动者可以自由流动，随着各地陶瓷技术的交流和各地陶工的流动，以河南禹州为中心，渐次形成了一个庞大的钧窑系。当时除了禹州之外，烧造钧瓷的窑场还有鹤壁、安阳、浚县、淇县、新安、临汝、郏县、登封、宝丰、鲁山、内乡等，在河北省有磁县，在山西有浑源、介休等地。由于窑场众多，烧造瓷器以日常生活用品为主，以盘、碗、罐、瓶等最多，产品质量相比北宋钧台钧窑烧制的盆、奁、尊、洗等产品要逊色。

明清时期景德镇瓷业鼎盛，全国窑业中心转向南方。钧窑渐次衰败，钧瓷生产一蹶不振，陷于濒临绝境的地步，尤其是钧瓷烧制过程中自然窑变的奥秘更是技艺失传，无人知晓。在神垕镇钧瓷原产地，至今也尚未发掘出明显的明代和清代中早期的钧瓷窑址。而南方的江苏宜兴窑、广东石湾窑均出现仿制钧瓷器（图1-22、图1-23）。

清光绪五年（1879年），神垕镇陶工卢振太、卢振中及卢振太之子卢天福、卢天增、卢天恩兄弟三人，受古玩商人高价收买宋钧的影响，立志恢

图1-22　明清时期　宜兴窑象耳钧釉瓶

图1-23　明代　石湾窑仿钧釉贯耳瓶

复钧瓷。他们在神垕附近找矿寻料,用当地原材料,经过多年反复试验,终于以氧化钴为着色剂,在氧化焰中烧出仿钧窑孔雀绿和碧蓝相兼的仿钧器,后又在釉料中加入铜的成份,并用还原焰烧成方法在风箱炉里烧制小件仿宋钧瓷,虽规模小,产量少,但取得了成效,积累了经验。卢氏第二代艺人卢广同、卢广东、卢广华、卢广文等为恢复钧瓷矢志不移,在长达数十年的研究和试验中,终于使失传已久的钧瓷于清光绪年间恢复生产(图1-24、图1-25、图1-26)。其后,神垕钧窑发展到十多家。

1904年,禹州知州曹广权联合禹州商人在神垕镇组建"钧兴公司",把钧瓷艺人卢氏兄弟、贾钧、贾喜、郗江、郗五寅、宋吉成、王大黑、裴喜娃等人招雇到钧兴公司烧造钧瓷。同时派技工到景德镇学习细瓷技艺,并请景德镇技师到神垕交流制瓷

图1-24　位于神垕镇老街上的卢钧窑遗址

图1-25 卢钧使用的炭窑

技艺。后来曹广权调任北京，钧兴公司由河南省府官员汪瑞甫接管。民国初期，聘神垕人张庭壁协办。但是因收入太低，艺人们纷纷退出钧兴公司，回家务农。只有卢氏兄弟坚持烧制钧瓷，后因局势混乱，钧兴公司停办。[14]

1952—1954年，禹县相继成立了地方国营豫兴瓷厂（后改为地方国营禹县瓷厂）、禹县神垕第一瓷窑工业生产合作社（后为禹县钧瓷一厂）、禹县神垕第二瓷窑工业生产合作社（后为禹县钧瓷二厂），并开始恢复生产

图1-26 卢钧工艺介绍

钧瓷。至1955年，神垕镇陶瓷生产全面恢复，陶瓷工人全部就业。整个五六十年代，钧瓷烧制主要以传统宋钧为典范，虽然不是很成熟，却为当代钧瓷的发展奠定了基础。

20世纪70年代，神垕镇出现了省办地方国营瓷厂、县办工艺美术一厂、工艺美术二厂三家就业人数近三千人的瓷厂；1973年的广交会上，神

屋几大瓷厂现货样品被抢购一空，订货达到百余种、近20万件，形成了钧瓷外销热潮。

图1-27　禹州市钧瓷一厂旧址

1984年，以公有制企业为主导的钧瓷生产达到了最辉煌的时期，并分别注册了"宝光"、"宇宝"、"瑰宝"牌钧瓷。80年代后期由于计划经济向市场经济转型，出现了国营企业与民营企业并存的局面，当时的国营禹县瓷厂、禹县钧瓷一厂（图1-27）、禹县钧瓷二厂、神垕镇东风瓷厂开始走向衰落，民营企业占据钧瓷生产的主导地位。但从50年代到80年代这30年间的钧瓷国营企业生产期间，在钧瓷烧造史上一般被俗称为"共和国官窑"时期，并为之后的民钧窑的再度崛起奠定了技术、艺术、文化等基础。

四、历代钧瓷仿制与辨识

宋钧窑瓷常见的釉色有玫瑰紫、海棠红、梅子青等，器形主要有花盆、盘、炉、尊、洗、碗等，金、元时期的河北、山西等地方多有仿烧。

钧瓷烧成工艺为二次烧成，第一次素烧坯胎，然后施加釉彩，再进行第二次烧釉。钧窑瓷釉利用铁、铜呈色不同的特点，烧出天青、月白、蓝中带红、带紫斑等色，具有乳浊不透明的感觉。钧瓷的釉面特征还常出现不规则流动状的细线，被称为"蚯蚓走泥纹"。由于钧釉常出现窑变现象，在烧造过程中变化无常，很难人工控制，所以难以仿制得一模一样，因此自古就有"钧瓷无双"之说。唐代的花釉瓷虽然突破了单色釉瓷器的传统规律，但这种花釉仅仅局限于黑釉器物，到了宋代，复色釉的技艺得到了很大发展。

钧窑瓷的釉色基调属于青瓷系统,它的天青、灰蓝、月白等色只是浓淡不一、色度有差异,钧窑瓷器上所出现的红紫色是由于在釉中加入了铜,铜红釉的烧成,对烧成温度、窑温冷却、保温时间、烧成气氛都十分敏感,必须在还原焰1250℃以上,条件稍偏离规定要求就得不到艳美的红色,技术难度大。在还原条件下成功地烧出了铜红釉,这是宋代瓷器发展史上的一个创造与突破。

钧瓷釉表面是否有棕眼和蚯蚓走泥纹,在民国以前是鉴定真假宋钧窑瓷的重要依据。

棕眼原本指动物表皮粗糙的毛孔,借喻到瓷器上指釉表皮细密的小坑点,宋代钧窑大多数都有棕眼的现象,这是因为钧瓷挂厚釉经柴烧形成乳浊状以后出现的。钧窑器在上釉前为了避免瓷坯在高温烧造中破裂或变形,用较低温度素烧坯体,以便于挂厚釉。而蚯蚓走泥纹的出现是釉层在干燥时或烧成初期发生缩釉,后来在高温阶段又被粘度较低的部分釉质流入孔隙填补裂痕,出现不规则流动状的细线隐纹,就像蚯蚓在泥中穿行后留下的痕迹,因此称为蚯蚓走泥纹。传世器形较大的器物无一例外有这种现象。器形较小的碗、碟类器物上少有这种现象。

器物底部涂以芝麻酱色釉是宋钧瓷的又一明显特征。宋代钧窑瓷器带铭文的很少,仅见"奉华"及"省符"两种。另外刻一到十数目字,数字越小,器物越大。

金代制作的钧窑瓷一般器皿内里施满釉,器外常施半截釉,器底心施满釉,胎质细灰紧密,釉面润泽有开片,有的有晕斑或带小墨点,制作不甚规整。胎釉结合不紧密,经常有脱釉现象。釉色以天青、天蓝为主,少数出现紫红斑窑变。造型较宋代简单,有碗、盘、罐、瓶、香炉等。釉色较单调,与宋钧艳丽多彩的丰富窑变相比,略逊一筹。

元代仿钧瓷器以碗、盘、炉为主,不见盆、奁、洗、尊等陈设物件,多为民间日常生活用品。胎体修胎较粗糙,不规整,工艺不精细,胎质粗松,瓷土杂质多,淘洗不纯净,瓷胎烧成温度较低,叩之声音沙哑,个别的因为叠烧,碗内心亦露胎成素烧圈。底心多露胎且有明显凸起的鸡心点。釉面多棕眼,光泽较差。釉色单一,仅见天青、天蓝两种,施釉不到底。

钧窑瓷器的生产制作自元末以后渐次衰败,钧瓷生产一蹶不振,陷于濒临绝境的地步,尤其是钧瓷烧制过程中自然窑变的奥秘更是技艺失传,无人知晓。直到清光绪五年(1879年),钧瓷的烧制才开始有了初步成果,神垕镇陶工卢振太、卢振中及卢振太之子卢天福、卢天增、卢天恩兄弟三人,受古玩商人高价收买宋钧的影响,立志恢复钧瓷。他们在神垕附近找矿寻料,用当地原材料,经过多年反复试验,终于以氧化钴为着色剂,在氧化焰中烧出仿钧窑孔雀绿和碧蓝相兼的仿钧器,后又在釉料中加入铜的成份,并用还原焰烧成方法在风箱炉里烧制小件仿宋钧瓷,虽规模小,产量少,但取得了成效,积累了经验,烧制出了色彩单调的孔雀绿和碧蓝相间的仿宋钧"雨过天晴"器,此后又在"天晴"器的基础上创造出了抹红、飞红等新工艺。

卢氏仿宋代钧瓷是近代最早、也是较为成功的仿作,其精品之作虽已基本达到真假难分的程度,但还是有较为明显的破绽:除缺少"蚯蚓走泥纹"外,窑变红斑发暗,而且内外各半,自成片段,不及宋代钧瓷自然。

1907年,卢氏第二代艺人卢广东烧制的钧瓷精品与宋钧相比,几能乱真。其精制品五彩灿烂,玉润晶莹,有的可与宋钧媲美。作品如折沿盘,乳钉罐,天青釉加紫红彩等十分精美,曾流入英国大不列颠博物馆误作"宋钧"珍藏。故有文献记载:"禹县神垕镇艺人卢广东、卢广文等兄弟,善仿宋钧,珍珠刻花,能做到以假乱真。"上海、开封古玩店也常把卢钧误作宋钧收购。

钧窑瓷器仿制品的大量出现应该是20世纪80年代以来的事,由于利益驱动赝品猖獗。钧窑瓷器主要为釉面装饰,故其作伪者也是伪造真品的釉色和造型。当代钧瓷一般以煤气窑和电窑仿烧宋钧,但气烧钧瓷乳浊感不明显,不见棕眼,而蚯蚓走泥纹因施釉方法不一样显得比较生

图1-28 当代仿烧钧瓷

硬,缺少变化。同时,当代气烧仿品窑变效果不足,天青、天蓝釉上挂紫红斑有些是人为点染,缺少了宋钧那份自然(图1-28、图1-29)。

第三节 钧窑在中国陶瓷史上的地位及影响

图1-29 当代仿烧花釉瓷

钧瓷历来有"黄金有价钧无价","纵有家财万贯,不如钧瓷一件"之盛誉,其根源就是那"钧瓷无对,窑变无双"的窑变釉和天青、月白釉色中的红斑、紫斑,即所谓"钧瓷挂红,价值连城","红为最、紫为贵、月白天青胜翡翠"。窑变釉和釉中挂红、挂紫改变了宋代色釉瓷单一的装饰方法,在宋代陶瓷制作中具有划时代的重要意义。

钧瓷的釉色受到唐代花釉瓷的影响,在长期的生产过程中,钧瓷原产地阳翟人在唐代黄釉、黑釉瓷的基础上,汲取鲁山花瓷、定州花瓷、禹县苌庄花瓷、下白峪花瓷的特点及先进经验,创烧了钧瓷。之后,铜红釉的出现进一步形成和发展了独具特色的北宋钧瓷,且钧瓷民窑技术的发展至北宋末期达到鼎盛,以至在阳翟城东北隅八卦洞建官窑,为皇室生产御用陶瓷,迎来了钧瓷史上的第一个辉煌时期。

窑变釉由于釉色的相互交融而产生的无数颜色不一、形状各异的釉色形态,是构成钧瓷区别于其他青瓷的一个重要特色,即"入窑一色,出窑万彩"、"钧瓷无对,窑变无双"。窑变诸象颇为神奇,妙景竞生,或如群山叠翠、幽潭帆影;或如雪积南岭、玉暖冰河;或如星辰满天、寒鸦归林;或如仙山环阁、飞云流水;皆惟妙惟肖,如泼墨写意而腾之,其神妙绝非世间丹青妙手心思所能及者,因其色其形皆为天成,所谓道法自然者也。因此,在古陶瓷的制作中最能体现陶瓷美学的本意,即在火与土的结合中煅烧出自然天成,非人为可控的釉色。古人曾有赞曰:"夕阳紫翠忽成岚。"[15]因此钧瓷历来受到世人的珍爱。

《古今小说》卷三十六《宋四公大闹禁魂张》中有这样一段描写:"他那卖酸馅架上一个大金丝罐,是定州中山府窑变了烧出来的。他惜似气命。"[16]足见窑变瓷为世人珍视的程度。

钧釉中的紫色也十分珍贵,有"红为最、紫为贵、月白天青胜翡翠"之说。各种紫色是红釉与蓝釉互相融合的结果,在工艺上是在青蓝色的釉上有意涂上一层铜红釉所造成的,即所谓"天青挂紫"或"月白挂紫"等。后人对钧瓷紫色的评价极高,民国时期,刘子芬在《竹园陶说》中说:"钧窑紫器,一枚价值万金……宋时紫色如熟透之葡萄,浓丽无比,紫定、紫钧,其器皆纯色。"[17]

蚯蚓走泥纹也是钧釉的一个重要特征。其产生的原因是由于钧窑瓷胎在上釉前先经素烧,上釉又特别厚,釉层在干燥时或烧成初期发生干裂,后来在高温阶段又被粘度较低的釉流入空隙所造成,因此浑然天成，绝世无双。

清乾隆皇帝还从钧瓷精美的双耳瓶引申出"广泛听取，明鉴四方"的政治理念，他在《咏钧窑双耳瓶》中写道："耳双穿组提携便，修内当时位置宜。欲问宣和精物理，达聪虞训可曾思。"[18]

钧瓷对广钧、宜钧、景德镇的窑变釉瓷器产生了重要的影响。明清两代仿钧之风日趋兴盛。江苏的宜兴窑、广东的石湾窑和江西景德镇都在烧制釉色多变的钧瓷器，前两者分别被称为"宜钧"和"广钧"，宜钧的胎骨为紫砂。"他们在传承发扬宋钧的传统烧制技术的同时，根据地方民众的喜爱，也研制出新的施釉工艺技术，在适应当地资源的基础上，烧制釉色新颖的产品，代表了这一时期的风采。"[19]

清代乾隆时期，景德镇官窑瓷器钧窑釉色有9种："次则满清乾隆时，负有皇室制瓷责任之唐英氏，曾于景德镇立有《陶成即事碑》，备载仿古采今各种釉色，多至57种，其中第六种，所列钧釉，计有九色。原文如下：一均釉，仿内发旧器玫瑰紫、海棠红（后文释为'钧红'——笔者注）、茄皮紫、梅子青、驴肝马肺（后文释为'雨过天晴'——笔者注）五种外，新得新紫、米色、天蓝、窑变四种。"[20]

总而言之，兴起于北宋中期的钧窑，首创用氧化铜为着色剂，在还原焰气氛下烧成铜红釉，这为陶瓷装饰开辟了崭新的审美境界，并在北宋末年出现御用官窑，迎来了钧瓷史上的第一个辉煌时期。到了金元时期又迅速扩张，形成一个庞大的钧窑系，为全国陶瓷业的发展作出了重大的贡献。同时对明清时期的仿钧瓷器产生了较大影响，其在中国陶瓷史上占据着十分重要的地位。

注释:

[1] 梁宪华、翁连溪编著:《中国地方志中的陶瓷史料》,学苑出版社2008年版。
[2] 何新所辑注:《钧瓷历史文献辑注》,学苑出版社2012年版。
[3] 参见王洪伟著:《传统文化隐喻——禹州神垕钧瓷文化产业现代性转型的社会学研究》,中州古籍出版社2011年版。
[4] 以上所引文献均采用何新所辑注:《钧瓷历史文献辑注》,学苑出版社2012年版。
[5] 吴仁敬、辛安潮:《中国陶瓷史》,团结出版社2011年版。
[6] 赵汝珍著,熊廖译注:《古瓷指南》,天津人民美术出版社2003年版。
[7] 陈万里:《中国青瓷史略》,上海人民出版社1956年版。
[8] 中国硅酸盐学会编:《中国陶瓷史》,文物出版社1982年版。
[9] 李少颖著:《阳翟瓦庐集》,中州古籍出版社2009年版。
[10] 张之恒主编:《中国考古通论》,南京大学出版社2009年版。
[11] 深圳文物考古鉴定所:《钧官瓷器分类,深圳方面考古观察一二三》,2009年5月8日。来源: 互联网。
[12] 来源: 2012年3月6日,中国收藏网。
[13] 禹州市地方史志编撰委员会编:《钧瓷志: 1988—2008》,中国文史出版社2008年版。
[14] 王洪伟著:《传统文化隐喻——禹州神垕钧瓷文化产业现代性转型的社会学研究》,中州古籍出版社2011年版。
[15] [清]陈浏著:《匋雅》,引自何新所辑注:《钧瓷历史文献辑注》,学苑出版社2012年版。
[16] [明]冯梦龙:《古今小说》,上海古籍出版社"古本小说集成"影印本。
[17] 何新所辑注:《钧瓷历史文献辑注》,学苑出版社2012年版。
[18] 何新所辑注:《钧瓷历史文献辑注》,学苑出版社2012年版。
[19] 赵青云文:《"非遗"视野下的钧瓷研究丛书》总序,引自何新所辑注《钧瓷历史文献辑注》,学苑出版社2012年版。
[20] 荆子久著:《钧窑考证》,引自何新所辑注《钧瓷历史文献辑注》,学苑出版社2012年版。

第二章 出土遗物及产品工艺

第一节 烧制工艺

钧瓷被称为火的艺术,过去有"三分做,七分烧"之说,作为世界瓷业史上一流的高温窑变瓷,钧瓷的烧制工艺极其复杂。(图2-1、图2-2、图2-3、图2-4)。

由于时代的不同,钧瓷的烧制方式在历史上也历经变迁。宋代,钧官窑采用柴烧;清末,炉钧烧制采用炭烧;新中国成立后,钧瓷烧制采用煤烧;1994年以后,禹州的不少钧窑开始采用液化气烧制。在钧瓷烧制的实践中,经过不断探索和改良,钧瓷的烧成率和成色

图2-1 钧窑窑具支钉

图2-2 从出土的瓷片、窑具看,北宋钧窑瓷器在匣钵中采用正烧法

图2-3 钧瓷拉坯工艺

图2-4 钧瓷修足工艺

率得到了提高,在一定程度上结束了以往钧窑烧制"十窑九不成"的历史。

一、柴烧

柴烧是一种古老的技艺,以薪柴为燃料,烧成的瓷器具有釉质莹润、色泽纯正、清新典雅的特点(图2-5)。钧瓷柴烧技艺历史悠久,可追溯到钧瓷兴盛的宋朝。

图2-5 当代柴窑

坐落在禹州市城内的钧官窑遗址中的双火膛窑（又称双乳状火膛窑），是宋代五大名窑中保存最为完好的古窑（图2-6、图2-7），其窑室为长方形，有两个火膛，分主火膛和副火膛，其中一个留有直径22厘米左右的圆形观火孔，另一个留有窑门。烧制时，先点燃主火膛，使主火膛的燃料得到充分燃烧，窑温达到预定的温度。与此同时，副火膛内的木柴受热逐渐炭化，在炭化过程中放出大量的一氧化碳。这时，打开副火膛的火眼，膛内已经炭化的木柴开始燃烧，然后分别往两个火膛加柴，使窑温达到1300℃左右。该窑系世界上至今为止发现的唯一的一座"双乳状火膛窑"，由于还原气氛易于形成，高温阶段易于升温，烧成器物易于呈色，"窑变"效果好。

二、煤烧

煤烧技艺是以煤为燃料，烧成的瓷器釉质温润、窑变自然、时代感强。关于煤烧钧瓷的始烧年代目前仍存在争议：学术界有"宋代"、"元

图2-6 北宋 钧台钧窑使用的双火膛窑保护房

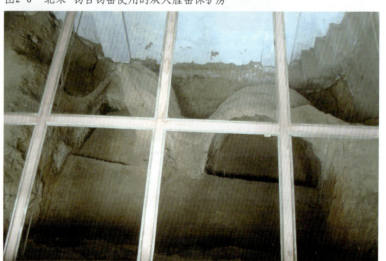

图2-7 北宋 钧台钧窑使用的双火膛窑

代"和"近代"三种始烧年代说。

从工艺上讲,煤烧钧瓷劳动量最大,"烧煤比柴火焰短,局部发热量大,灰属酸性,易结焦。在控制火焰方面,用煤比用柴困难得多"。[1] 同样,煤烧钧窑程序最多,工艺最为复杂。首先煤质需要严格把关,火膛需要清理,产品需要提前装匣钵,每次烧窑点火需要装窑、铺烧、砌堵窑门,烧成中需要添火、撬火、平火、盖天眼、焐火还原等。由于煤的质量差异,煤的成分复杂,燃烧时火焰较难控制。所以煤烧钧瓷效果比较丰富、凝重,同时成品率也比较低。

三、炭烧

炭烧技艺是以炭(烂炭)为燃料,用木制风箱强行通风助燃,捂火还原高温烧制,烧成的瓷器釉厚色重、古朴自然。钧瓷炭烧技艺始于清末,在20世纪初曾风行一时,"卢钧"使用的便是这种烧制工艺。

炭烧窑炉为升焰式烘炉,俗称"鸡窝窑",一炉只烧一"垅"(一匣钵),一"垅"装一件或几小件瓷器,炭尽器成。这里的炭指未燃尽的煤渣,俗称"烂炭",所以广意上讲炭烧也属于煤烧一类。这种独特的烧成方法和特殊的燃料,使炉内一氧化碳气氛相对较淡,不利于铜元素呈色。所以炉窑制品以天青、月白类单色居多。成品精美异常,釉面古朴自然而不呆板,杂而不乱,颇有宋钧的神韵,炭烧卢钧甚至曾被英国大不列颠博物馆误作宋钧收藏。但由于窑内空间小,一窑每次只能烧1~3件小品,并很难烧成,成品中完整无瑕的更是凤毛麟角,这也正是其珍稀之处所在。

四、气烧

气烧技艺是以液化气或天然气为燃料,不用匣钵,使用现代抽屉窑或者梭式窑,火苗由喷火口控制,喷火口的大小多少都在人的掌控之中,工艺难度小,成品率也高。由于炉火纯净,炉内升温曲线平和,釉面呈色更加平稳,烧成瓷器釉色纯正,色彩明亮。特别是当人们明白了钧瓷的成色成釉机理后,容易形成人们所期望的艺术效果。钧瓷气烧始于20世纪90年代初,是钧瓷烧制技术的大发展,大大缩短了钧瓷的烧成时间,节省了煤炭、木柴等能源。

钧瓷传统的烧成方法是以氧化铜作为着色剂,在还原气氛下,以1280℃～1300℃烧成。胎体先在900℃中素烧,然后上釉,进行釉烧。釉烧是整个烧制过程中最关键的,也是对钧瓷表面呈色状况起决定作用的一步(图2-8、图2-9)。

钧瓷的釉烧过程一般分为四个阶段,下面以使用比较广泛的气烧窑为例进行简要说明:

图2-8　当代气窑

图2-9　等待入窑烧制的玉壶春瓶

第一阶段：氧化期（室温至950℃）。该阶段俗称为"前火"，烧氧化气氛，氧化充足，以升温为主，主要是排除坯胎中上釉时吸附的水分和釉层中物料所含的水分，同时使釉料中的有机物氧化挥发。该阶段釉面由于受热而呈未烧结的多孔状态，为下一步还原打下了良好的基础。该阶段用时一般在2～3个小时。

第二阶段：还原期（950℃～1250℃）。氧化焰烧到950℃开始转火，由氧化气氛转为还原气氛，即俗称的"焐火"。从焐火开始到住火，俗称为"后火"。焐火时减少进风量，关闭闸门，使燃料燃烧不充分，窑内的火色呈浑浊状态，窑中有一定量的一氧化碳气体。此阶段通过燃烧产生一氧化碳，进入多孔的胎和釉中，使其所含的铁和铜得到还原，呈现出理想的颜色。该阶段用时一般在8～9个小时。

第三阶段：弱还原期（1250℃至烧成温度）。此阶段的主要目的是升温，达到釉成熟的烧成温度，使釉面光亮。该阶段坯胎完全烧成瓷胎，釉面窑变效果大部分已经形成。该阶段用时一般在2小时左右。

第四阶段：冷却期（烧成温度至200℃）。烧成结束住火后，首先拉开窑炉闸门，使之自然冷却。冷却过程中开始降温，速度很快，随着温度的降低，速度逐渐变慢。当下降到200℃以下时，可稍打开窑门使其快冷，100℃左右时即可出窑。该阶段胎体逐渐固化、显色（铁足），釉产生液相分离、析出晶体，釉面逐渐固化、显色，开片开始形成。该阶段用时一般在12个小时。

综上所述，气烧窑从点火、烧成到开窑，总共约为25个小时。

总之，钧瓷的烧成是一项复杂的高难技术，还原程度很难控制。即使是在同样操作规程下，由于气候、煤质等因素的影响，也会出现完全不同的效果。只有通过长期的实践，并借助于现代化控制仪器的使用，才能使整个过程得以完备、准确的控制。

2008年，"钧瓷烧制技艺"入选《第二批国家级非物质文化遗产名录》。据了解，钧瓷的烧制技艺也已经向文化部申请申报世界非物质文化遗产。

第二节 装饰工艺

一般认为钧瓷源于唐代花釉瓷,在长期的生产过程中,钧瓷原产地阳翟人在唐代黄釉、黑釉瓷的基础上,汲取鲁山花瓷、定州花瓷、禹县苌庄花瓷、下白峪花瓷的特点及先进经验,创烧了"唐钧"。之后,"唐钧"兼收并蓄,汲取北宋汝瓷工艺的先进部分,提高"唐钧"的生产水平,其过渡产品即为"汝钧",正因为如此,清末即有"钧汝不分"之说。铜红釉的出现创立了独具特色的北宋钧瓷,且钧瓷民窑技术的发展至北宋末期达到鼎盛,以至在阳翟城东北隅八卦洞建官窑,为皇室生产御用陶瓷,迎来了钧瓷生产史上第一个辉煌时期。

显然,北宋钧瓷在唐代花釉瓷的影响下,借鉴吸收柴窑、汝窑的装饰工艺并不断创新,形成了独具特色的乳白釉瓷器。早中期民窑釉色以天青、月白为主调(图2-10),稍浅的青灰,稍深的青蓝,也出现了米黄、红紫斑、天青挂红彩、天蓝挂红彩等。北宋晚期钧官窑瓷器,其釉彩在早中期民窑天青和紫红斑、紫红彩的基础上,烧造出蓝、红、紫、青诸色错综掩映的窑变釉彩。

金代前期,钧釉器的釉色变化较大,天蓝色不似宋

图2-10 宋代 钧窑里青外红碗(残)1、2

代民窑钧瓷匀净淡雅,开始出现较强艳的釉色。元代前期,钧釉器釉色变化丰富,天青釉的器物有所减少,月白色开始较多地出现,还有紫蓝色、褐绿色等,釉色变幻多端。元代后期,钧釉器的釉层厚、流动强,普遍有垂釉、积釉现象。釉色以偏紫色的为多,有少量很美丽的深紫蓝色釉。

明代及清代中期北方钧窑衰落。光绪三十年(1904年),在神垕镇建立的"钧兴公司",专门烧造钧瓷,但色釉单调,成色率低。釉多为绿色,蓝中泛紫色较少。瓶类的口颈部往往有弦纹,弦纹部釉色为浅黄色。

20世纪50年代,钧瓷釉色以月白、天青、天蓝为主。20世纪70年代末至90年代初,钧瓷的釉色可以说是变化万千,莹润透活,自然天成,美不胜收。按其釉色,可分为以某种釉色为主和多种釉色渗透两大类。20世90年代以后,随着液化气窑炉烧制钧瓷的试验成功,钧瓷烧制工艺日臻成熟,釉色上多以青白釉为底釉,通过施釉手法的多样化,在充分运用钧釉窑变原理的基础上,集中展示钧瓷窑变山水、图案、纹路、片纹的特征,追求一种清新、奇特、精美绝伦的釉面效果,达到天工和人巧的有机结合。[2]

第三节 产品造型及用途

瓷器的造型是根据不同用途的需要而设计和制作的具有审美价值的陶瓷器物样式。钧瓷造型简练大方、端庄典雅,具有吉祥、喜庆、美好的寓意和内涵。根据钧窑遗址考古发现和对现存古钧瓷的研究,钧瓷的造型按器物的用途大体可以分为两类:一类为日用类造型,另一类为陈设类造型。

2013年10月16日,由故宫博物院主办的"色彩绚烂——故宫博物院钧窑瓷器展"在故宫延禧宫西配殿对公众开放。展览以故宫博物院藏历代钧窑和仿钧窑(釉)瓷器为基础,辅以从河南省文物考古研究院、内蒙古博物院、天津博物馆、开封市博物馆等单位商借的传世品及对钧窑遗址进行考古发掘出土的钧窑瓷器和标本,共展出钧瓷展品125件(套),其中35件为国家一级文物,可以说是近年来较高规格的一次钧瓷展览,基本包含了存世钧瓷的各种器型。下面便以此次展览中的钧瓷展品为主,对钧瓷造型择其要者介绍。

一、日用器造型

钧窑日用器俗称民钧,存世数量颇大,器物类型繁多,主要有碗、盘、碟、罐、坛、注子、瓶、炉、鼎、钵、枕等造型。

碗是日常生活中常见的饮食器皿,钧瓷碗的造型多为大口、或有侈口,尖唇或圆唇,深腹呈现倒三角形,平底或圈底,足底多为圈足。

敛口碗 深弧壁,圈足。通体及圈足内均施釉,足底无釉。此碗圈足处不施釉,露出胎色呈黄铜色。清代乾隆皇帝御制诗《题钧窑碗》,其中有"围匡底用以铜锁,口足原看似铁坚"句[3],描述的正是这种似铜铁色的圈足。(参见本书图典图5)

鸡心碗 口部微敛,曲壁,小圈足。有的腹部较深,体积较小。在钧瓷碗类中,此式最为多见。钧瓷菊瓣碗、菱口碗等器形与之相仿,亦可归入此式。从工艺上看,有精、粗之分。精者,一般为满釉,细圈足,有的圈足内施釉,釉面光润;粗者,外壁多施半釉,足根宽厚呈外撇状,釉面粗糙。

墩式碗 碗呈墩式,敞口,直壁,近足处内收,圈足。通体施釉,圈足底部无釉,以便使用垫饼垫烧。口沿处一周略呈淡黄色,为还原气氛烧成所致。此器形古朴稳重,给人敦厚淡雅之美感。

罗汉碗 有直壁墩形,也有敛口、曲壁、深腹式。有的带盖,又称"盖碗"。此式碗流行南北,景德镇窑、龙泉窑、定窑、耀州窑、磁州窑以及河南诸窑均有烧造。直到元代,此式碗仍复流行。(参见本书图典图10)

盘是不可缺少的生活用器,历代钧瓷盘的形制繁多:

葵口盘　盘呈八瓣葵花式,敞口,弧腹,浅圈足。里外施釉,口沿及盘壁出筋处釉层较薄,隐隐映出灰色胎体。圈足内无釉,外底留有三个支烧钉痕。

海棠式盘　盘呈四瓣海棠式。折沿,浅弧腹,平底。里外施釉,外壁施釉不匀,有流釉现象。口沿处釉层较薄,隐隐映出灰色胎体。外底留有三个支烧钉痕。

折腰盘　盘撇口,弧腹,折腰,圈足。口沿、器里、器外施釉。

折沿盘　盘折沿,浅弧腹,圈足。里外施釉,口沿处釉层较薄,映出酱黄色胎体。圈足内无釉。外底留有三个支烧钉痕。

菱花口折沿盘　盘折沿,六瓣菱花口,浅弧腹,圈足。里外施釉,口沿处釉层较薄,隐隐映出灰色胎体。圈足底部无釉。

菊瓣盘　用花瓣作为碗的造型,起源于唐、五代时期,宋、金时期兴盛,延续到以后各朝。这一成型技法的使用,对实用器起到了很好的美化作用。钧窑菊瓣盘呈菊瓣形,敞口,浅弧腹,圈足,里外施釉。

陶洗从新石器时代至汉代均有制作,瓷洗以唐代越窑、宋代钧窑,尤其是元代龙泉窑和景德镇窑的制品为多。钧窑洗大部分产品的基本釉色是各种浓淡不一的蓝色乳光釉,较淡的蓝色称"天青",较深的称"天蓝",比天青更淡的称"月白"。

单柄洗　长圆形,口沿的局部为伸出的花瓣形折沿,沿下有一环形柄,通体施釉。

折沿洗　折沿,弧壁,玉璧形底。通体内外施釉,外底无釉。(参见本书图典图15)

莲瓣洗　敞口,折沿,浅腹,弧形腹壁,以凹、凸线构成十莲瓣洗,内外通体施釉。(参见本书图典图13)

鼓钉洗　直口,口内平,器外上有两道棱纹,棱纹中一周饰20个乳钉纹,腹下一周饰18个乳钉纹,器如鼓形。三兽面足。胎体厚重呈深灰色,洗

内釉色薄,洗外壁釉层肥厚,洗底釉呈芝麻酱色。(参见本书图典图3)

钧瓷瓶及其他器物的造型主要有:

长颈瓶 口沿微撇,长颈,颈部上宽下窄,圆腹下垂,圈足露胎,通体施釉。(参见本书图典图1)

梅瓶 梅瓶为盛酒用具。陶瓷梅瓶始见于唐代,宋代以后开始流行。梅瓶的式样在《饮流斋说瓷》中有专门描述:"梅瓶,口细而项短,肩极宽博,至胫稍狭折,于足则微丰。口径之小仅与梅之瘦骨相称,故名梅瓶也。"[4]宋代钧瓷梅瓶形态饱满,釉厚而润泽,堪称宋代钧窑瓷器中的精品。

玉壶春瓶 又称玉壶赏瓶,宋以后历代各地窑场均有烧制。它的造型是由唐代寺院里的净水瓶演变而来。其造型上的独特之处是:颈较细,颈部中央微微收束,颈部向下逐渐加宽过渡为杏圆状下垂腹,曲线变化圆缓;圈足相对较大,或内敛或外撇。钧窑玉壶春瓶基本形制为撇口、细颈、垂腹、圈足,近底处垂釉明显。圈足内素胎无釉。

葫芦瓶 瓶呈葫芦形,上小下大,束腰,圈足。造型敦厚丰满,制作精致。从传世钧窑瓷器来看,葫芦瓶较为少见。

花口瓶 口沿呈五瓣花口,敞口,长颈、圆腹下收,通体施釉,圈足露胎。(参见本书图典图6)

鸡心盖罐 敛口、鼓腹,圈足。状如鸡心,故名"鸡心罐"。附平顶圆盖,盖顶置圆钮。(参见本书图典图8)

双系罐 直口,圆唇,短颈,双系,圆腹,圈足。肩、腹部施釉,局部有紫红色釉斑,釉层较厚,有流釉痕迹。足部露胎。(参见本书图典图16、图17)

钵 敞口微敛,深弧腹,近底处内折,圈足。里外施釉,内底无釉。

执壶 长流、细颈、喇叭口、瓜棱腹的执壶,见于两宋辽金时期。

龙首杯 杯作八角形,直口,浅腹略鼓,腹以下渐收,平底。一侧附一环形把,把上塑龙首。(参见本书图典图12)

盏托 盏托又称茶托子，为古人品茗用具，用以防手持茶盏烫手，最早见于唐代。钧瓷盏与托连烧，圆口，中部出托沿，圈足中空。通体施满釉。（参见本书图典图11）

三足炉 折沿，短颈，扁圆腹，下承以三足。通体施釉，三足底部显露酱黄色。（参见本书图典图7）

缸 敛口，鼓腹，圈足。通体施釉，口沿、足边呈酱色。

二、陈设器造型

钧窑陈设器俗称官钧，主要有花盆、盆托、洗、尊、奁、瓶等造型。流传于世的官钧瓷器十分稀少，主要收藏在北京故宫博物院、台北故宫博物院、美国弗利尔美术馆、哈佛大学赛克勒美术馆等处。世界范围内公私收藏的官钧瓷器加起来也仅有百余件，弥足珍贵。从器型上看，存世官钧花盆居多，为钧窑瓷器中的重要品种，是当时为了满足皇宫需要按照宫廷出样设计和烧成的。清宫旧藏的20余件官钧瓷中，花盆占了大半，且式样众多，有菱花式、葵花式、海棠式、渣斗式、仰钟式、长方形、六方形等，可见在清代宫廷之中，钧窑花盆也是颇得皇帝喜爱的陈设器。

菱花式花盆 通体呈十二瓣菱花式，折沿，深腹壁，盆身外侧凸起12条直线纹，矮圈足。盆里满施天蓝釉，外施玫瑰紫色釉，底有五个圆形渗水孔。钧瓷菱花式花盆以近于直的微曲廓线构成丰润端正的形体，以凹凸变化的曲线勾勒出菱花形的盆沿和足边，腹部的棱线与菱花式口沿、足边相呼应，和谐美观，是造型设计中实用与美观融合一体的典例。

葵花式花盆 呈六瓣葵花式，折沿，深腹，圈足，盆壁里、外分别凸起、凹进六条直线纹。内外满釉，底有五个渗水圆孔。

海棠式花盆 整体呈四瓣海棠式，敞口，折沿，口沿起边，深腹，底下承以四个云头形足。底有五个渗水圆孔。

渣斗式花盆 造型呈渣斗形，侈口，宽唇，长颈，圆腹，圈足较高。底

开有五个渗水圆孔,胎体厚重,里外施釉。(参见本书图典图2)

仰钟式花盆 花盆的外形如同一座倒置的钟,深沉而古朴。花盆撇口,深腹,圈足。里外施釉,口沿、足边釉薄处呈酱色。外底涂刷酱色釉,有五个渗水圆孔。

长方花盆 造型呈长方体,广口委角,折沿,斜直壁,平底,四云头足。通体施釉,底部有孔,外底施酱色釉。胎体厚重,造型古朴大方,釉色典雅润泽,边角利用微曲的弧线作过渡,有柔和舒适的美感。

六方花盆 花盆呈六方形,折沿,深腹,底下承以六足。里外施天蓝色釉,口沿、边棱釉薄处呈酱黄色。外底涂刷酱釉,有七个渗水圆孔。

钧瓷还制有花盆托,与花盆配套使用,造型上也相呼应,产品有:

菱花式花盆托 花盆托呈六瓣菱花式。折沿,弧壁,底下承以三个云头形足。通体满釉,口边及外底呈酱色。

葵花式花盆托 花盆托呈六瓣葵花式,敞口,折沿,底坦平,底下凸起葵花形窄圈,圈下承以三个如意头形足。内外施釉,外底涂酱色釉汁。

海棠式花盆托 整体呈四瓣海棠式,敞口,折沿,口沿起边,浅腹,底下承以四个云头形足。利用器形和釉色的变化,使得原本单一的造型显得多姿多彩,体现了钧窑制瓷工艺的高超水平。

鼓钉式花盆托 敛口、浅弧腹、平底,底下承以三个云头形足。外壁口沿下和近底处各环列一周鼓钉纹。器表鼓钉处釉垂流明显,给人以自然生动之美感,增添了艺术魅力。

出戟尊 仿商周青铜器造型,敞口,腹微鼓,颈、腹、足的四面均贴塑条形方棱,俗称"出戟"。器身边棱处因高温烧成时釉层熔融垂流,致使釉层变薄,映现出胎骨呈黄褐色。

出戟尊是宋代钧窑中一个独有的品种,其他名窑中很少见。(参见本书图典图25)

第四节 产品底款铭文

宋代钧窑瓷器带底款铭文的很少,有铭文的都是北宋后期宫廷用瓷。目前仅见"奉华"及"省符"两种。另外刻一到十数目字,一般认为数字越小,器物越大。钧窑的铭文都是在器物成型素坯时刻上的,然后在铭文上施芝麻酱釉。后世仿品往往在施过釉的胎上刻字,从而露出了马脚。

一、"奉华"底款

"奉华"系宋代宫殿名"奉华堂",传为宋高宗刘妃所居堂名,汝窑、定窑、钧窑均有此铭文。钧瓷还有一个底款"省符",目前还不知其为何义。钧瓷底部还有以刻宫廷建筑名的铭文,如"奉华殿"、"养心殿"、"重华宫"、"景阳宫"等。铭文字体的笔画纤细,这是清代造办处后刻上去的,因为清代宫殿之内陈设文物都有档案,专门记录清代宫殿陈设文物名称与动态。

学术界在围绕钧官窑的年代讨论中,曾就钧瓷"奉华"底款铭文发生过学术争鸣。中国硅酸盐学会所编《中国陶瓷史》一书依据"奉华"铭文北宋汝窑、定窑均见,因此认为这是钧官窑年代为北宋末年的证据之一;而刘涛在《钧窑瓷器源流及其年代》一文中认为,在北宋汝窑、定窑传世铭文中,除见"奉华"外,还有凤华、慈福、聚秀、禁宛、德寿等,考诸典籍,知其多属南宋宫殿之名。另外,"奉华堂"为宋高宗德寿堂的配殿,而德寿之名为高宗所诏,不见于北宋宫廷,因此认为"奉华"款应该是后刻的。[5]

二、数字底款

钧窑瓷器铭文主要刻一至十的数字(图2-11、图2-12),历代对数目底款的推测大致分四种:

(1)为了搭配花盆与花托。《南窑笔记》一书解释道:"有一二数目

图2-11 这些带有数字底款的瓷片为钧官窑花盆托残件,数字代表器物的大小

图2-12 带有数字款的北宋钧官窑瓷片底足部分

字样于底足之间,盖配合一付之记号也。"

(2) 为了釉色的区分,《匋雅》、《饮流斋说瓷》认为,在钧瓷六角花盆中,一、三、五、七、九单数代表朱红色器物,二、四、六、八、十双数代表青蓝色器物。

(3) 为试釉色的标志。民国时期郭葆昌对明代项元汴所著的《历代名瓷图谱》进行校注,认为:"钧器底刻一至十号数字者,当日匠户配制泑色试照之志。法以浓淡浅深各色泑分列十缸,各用坯一片,罩泑其上,置于窑火,以验泑色火候之合否,是为试照。照与泑缸及器坯皆刻号数,必相符合,以免紊乱。"[6]

(4) 为了区别器物大小规格。中国硅酸盐学会所编《中国陶瓷史》一书认为,从钧台窑发掘得到的标本来看,数目字表示器物的尺寸,即数目字越小,器物越大。以"一"为同类器物中最高或口径最大,依次递减,"十"为最低或口径最小(图2-13)。

图2-13 北宋 钧官窑瓷片底足可清晰地看见刻款"八"

注释：

[1] 王家广撰：《耀州瓷、窑分析研究》，载《考古》1962年第6期。
[2] 《钧瓷志1988—2008》"禹州钧瓷综述"。
[3] 弘历撰、郭葆昌辑：《清高宗御制咏瓷诗录》，引自何新所辑注：《钧瓷历史文献辑注》，学苑出版社2012年版。
[4] 《中国陶瓷名著汇编》，中国书店1991年版。
[5] 刘涛著：《宋辽金纪年瓷器》，文物出版社2004年版。
[6] 何新所辑注：《钧瓷历史文献辑注》，学苑出版社2012年版。

第三章 瓷业经济与瓷业社会

第一节 宋元时期手工业与制瓷业的发展

一、宋元时期手工业概况

  刘子健在其著作《中国转向内在》中,对宋代有过这样一段描述:"在宋代中国,人口在10万以上的城市有两打之多。当威尼斯和巴黎还只有10万居民时,北宋首都开封就已经拥有100万人口,而南宋首都临安的城市人口则达到150万。更重要的是,开封、临安以及其他大城市是活跃而开放的,商业、手工业和娱乐业欣欣向荣,儒、释、道三教的活动和节日的并存,纸币在流通,印刷使书籍变得容易获得和相对便宜……尽管只有少数商品已经形成全国性市场,多环节的供应渠道却已经使得大米、茶、丝等商品形成了地区性的贸易市场……制瓷业也取得了长足的进步,特别是瓷器等优质商品的制造方面,许多工序是在拥有500名雇工的工厂里完成的,这些工人按照一定的劳动分工工作。所有这些关于宋代生活的方方面面听起来的确相当'摩登'"。[1]

  社会经济的发展和文化的繁荣,使得宋代城市工商业呈现出充分的活力,虽然自给自足的封建经济仍在占据着经济生活的主导地位,但随着手工业产品的市场程度不断提高,使得宋代市场经济有了巨大的发展,城镇手工业发展显著,甚至农村经济中也分化出从事商品经济的专业户,尤其是制瓷、造纸、印刷、纺织等手工业取得了较大的发展。

宋代手工业分官营手工业和民间手工业,而后者的生产规模远远超越前者,不仅表现在行业众多、从业者众多、产品品种与数量众多以及商业化程度高等方面,而且还表现在生产类型和经营方式的多样性上,显示出成熟的发展特征。具体表现出以下几个特点:

(1)通过行会对手工业者进行组织管理:宋代手工业行业众多,"大抵杭城是行都之处,万物所聚,诸行百市,自和宁门杈子外至观桥下,无一家不买卖者,行分最多"[2]。这是宋人对杭州城手工业百行的描述。宋代的行会主要为两大类,一是手工业行会,是同行的手工业者所组织,偏重于手工业品的制造;第二类是商业行会,是同业商人组织,偏重于货品的买卖。但两者有时并不严格区分,手工业往往自产自销,兼具工商业的性质。

宋代的手工业行会与政府关系密切,行会的成立必须获得政府的认可,政府设置行会的原则有三条:一是在市肆有固定的营业地点,即有店铺;二是其商品为官府所用,或者其技能于官府有益;三是按行业分类组合。[3]政府通过设立行会,按时估价向各行行户科买物品或征税。"市肆谓之'团行'者,盖因官府回买而立此名,不以物之大小,皆置为团行,虽医卜工役,亦有差使,则与当行同也"[4]。

随着行业制度的发展,行会意识在不断增强,宋元时期,瓷业、酒业等行业还出现了祖师爷崇拜的现象,并为近代行业所继承。

(2)手工业配作制度发达:宋代官府向民间手工业者提供原料和工钱,科配民匠用自己的工具和技术生产官府的订货,称作"赋民制造"或"配民制造",这一制度被称为"配作"。

配作大体分为两类:第一类是一般性的政府泛抛制造,第二类是指某些民匠在民间替官府生产手工业品,官府大多设专局负责。早在唐代,景德镇就以制瓷闻名,所制瓷器有"假玉器"之称。据吴允嘉的《浮梁陶政志》记载:"陶厂自唐武德二年陶人献假玉器,由是置务","宋景德间,始置镇以奉御董造。元更为提领,皆有命则供,否则止。"[5]宋元丰五年"八月置饶州景德镇瓷窑博易务"[6],到了元代"至元十五年,置曰浮梁瓷局(秩正八品),掌烧造瓷器"[7]。

宋代的手工业配作制度发展到后来,地方政府也搭便车,各因所需,层层加码,陶瓷器皿也有贪官污吏向民窑"制样需索",配作制度竟成苛政。

(3)手工业雇佣劳动现象有很大发展:劳动力大量集中在制瓷、制盐、冶矿、造船等行业,宋代文人洪迈的《夷坚三志》中记载:"邹氏,世为兖人,至于师孟,徙居徐州萧县之北白土镇,为白器窑户总首。凡三十余窑,陶匠数百。"[8]

宋代手工业雇工按行业形式多样,有短工、季工、长工之分,也有按日按月付钱的。但雇工报酬并不高,只能糊口而已。虽然雇工社会地位不高,但都是比较自由的劳动者。

元代民间手工业在两宋的基础上又有了很大的发展,虽然自然经济在社会生活中仍然居于主要地位,然而更多的小商品生产已经成为城市生活中不可缺少的重要内容。同时,随着市场竞争的激烈,催生了制造业的品牌意识,加速了各类商品生产中心的形成,也在一定程度上影响着人们的消费观念。"当时市场上出现了一批享誉国内外的优质名牌产品,如景德镇、东张镇的瓷器,温州、嘉兴的漆器,杭州、成都的锦缎,湖州的生丝,徽州的皮纸,松江的棉布,建阳、平水的书籍等等。这既标志着各类商品生产中心的形成,也反映了消费者对名牌产品的认同和追求。这种打破自给自足传统,追求时尚消费的意识在工商业中心城市尤为明显。"[9]如钧州东张镇,元代张克己撰柏灵庙记碑文曰:"州之西北二十五里,有镇曰东张……所居之民,皆以烧造磁器为业……远方之人,竞来兴贩，车载驴驮，恒无虚日，散而至四方者，不可胜计。"[10]

元代手工业行会也在宋代的基础进一步发展，行业分得更多更细，行业组织对内维护行户利益，抑制行业内的无序竞争，对外应付官府科索税物。各行业还有自己的会所，钧窑所在地的东张镇制瓷业的会所就在柏灵庙。

元代瓷业以江西景德镇、浙江龙泉窑和福建德化窑最为著名。元政府在景德镇设立了浮梁瓷局掌管瓷器烧造。虽然御用瓷器在此供应，但烧造瓷器仍然由民窑承担，有命则烧，无命则止，民窑产品在政府课税之后可以在全国自由销售。

元代的手工业中广泛使用雇佣劳动力，元人陶宗仪在《南村辍耕录》中称，元代指佣工者为"客作"。如瓷窑窑户雇佣陶工等各色工匠烧造陶瓷，仅各"工"之"作"就分为几十种之多。

二、宋元时期制瓷业的发展

宋代制瓷业是我国陶瓷制作史上成就极其辉煌的时代，不仅出现了官、哥、汝、定、钧五大名窑，而且龙泉窑、耀州窑、吉州窑、建窑、磁州窑也各具特色，并形成了各自的窑系，各种工艺与装饰风格不断推陈出新，并打破了唐代以来"南青北白"的全国瓷业格局，产品品种丰富，质美量大，不仅满足了国内市场的需求，而且远销国外，开辟了巨大的海外市场，传播了中国瓷器世界级的声誉。

目前全国已发现的宋代陶瓷窑址有130多个，约占我国已发现的古代窑址的75%。以钧窑为例，仅禹州境内就已经发现100余处窑址，其烧造历史上可追溯至唐代，下限则晚到元代。[11]

宋元时期瓷业成为主要的手工业生产部门与整个社会对瓷器需求的旺盛有关，宋代社会生活方式的变化和审美趣味的提高，作为主要的日用品与工艺品的瓷器满足了人们的消费欲望。"为了满足皇室、贵族、官僚、富商大贾装点居室和观赏收藏的需要，豪华富贵的陈设用瓷大量

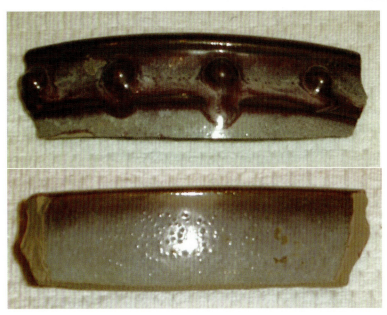

图3-1 北宋 钧官窑带鼓钉的瓷片1、2

生产,这对烧瓷技术的进步起到了极大的推动作用,后世鉴赏家、收藏家所盛赞的宋代名瓷如汝窑、钧窑、官窑器等也主要是供观赏的陈设用高级瓷。宋时的酒楼茶坊都悬挂名人字画,以器皿精洁为号召,饭店用耀州青瓷碗,饮食担子也用定州白瓷瓶。自晚唐以来民间流行以瓷枕作睡具,妇女化妆使用瓷制的香料盒、脂粉盒,甚至儿童玩具也是陶瓷制品。'斗茶'风俗在宋代的盛行还刺激了黑瓷盏的生产,可见当时的风气和瓷器的普及"。[12]

宋代的制瓷业分官窑和民窑,官窑是由官府出资设立的窑场,命官监领,由官匠烧制(图3-1);而民窑是民间窑工自行开设的窑场,数量多、分布广,除了按照配作制度烧制少部分贡瓷外,产品高度商品化,销往全国各地及海外市场。官府对民窑实行一定程度的管理,首先民窑窑户必须向官府领取"窑牌",即官府发放的营业执照,才能合法经营制瓷生产。窑牌记有烧窑人的姓名、财产状况等。同时官府还向民窑发放

"火历",上面是关于窑户生产、纳税等情况的记录。官府在民窑区设立瓷窑税务官,向窑户征收瓷器税。

由于宋代民窑制瓷业的高度发达,围绕瓷器的制造和销售,形成了一批繁荣的工商业城市。"如江西吉州永和镇以烧瓷著名,'附而居者数千家'。河南登封曲河宋代窑址附近发现的清代碑记说:'尝就里人偶拾遗物,质诸文通考而知,当有宋时窑场环设,商贾云集,号邑巨镇'。河南修武县当阳峪窑发现的崇宁四年(1105年)德应侯百庙灵碑、陕西铜川黄堡镇窑发现的元丰七年(1084年)德应侯碑、山西介休洪山镇大中祥符元年(1008年)源神庙碑记都记载了当时制瓷业发展给当地带来的繁荣"。[13] 元代张克己撰柏灵庙记碑文记载:河南东张镇"所居之民,皆以烧造瓷器为业……是镇金国末年最为繁盛,人稠物充,几有万室,市井骈阗,不减城邑"[14]。

民窑的窑主雇佣陶工等各色工匠烧造瓷器,宋代文人洪迈的《夷坚三志》中记载:"邹氏,世为兖人,至于师孟,徙居徐州萧县之北白土镇,为白器窑户总首。凡三十余窑,陶匠数百。"[15] 由于制瓷业是劳动力集中的手工业,因此各地窑场历来雇佣"客作"众多。据民国《禹县志》记载:"神垕瓷皆粗器也,而为民生饮食日用所不可离……其常供需数千人之役,其成庄周六七里之街。"[16]

元代的统治者由于长期游牧生活的习惯,使他们偏好金属器和漆木器,这样的文化背景让他们对汉文化形成不小的隔膜,也决定了元代统治者尚不能完全品味瓷器的艺术魅力和文化内涵。因此,元代瓷业虽然也像宋代一样官窑与民窑同存,但因官窑受到忽视而急剧退化,导致宋代官窑窑工转向民窑,从而使瓷业生产及技术的优势从官窑转向民窑,并提高了整个民窑的制瓷技术。"北宋时,钧窑还有官、民之分,但民窑质次量少,难成规模,相反官窑则工艺精湛,成就可观。从金元起,钧窑技术很快普及,北方很多窑场都生产钧窑器,使钧窑技术普及推广"。[17]

由于南宋末年至元代初期全国人口流动量的增大,北方瓷工艺匠逐渐向南迁徙,并将北方成熟的制瓷技艺带到南方诸多窑场,推动了南方民窑的发展,整个制瓷生产技术中心南移,并在景德镇窑烧成在瓷业史上具有划时代意义的元代青花瓷。

元代政府也向窑户征收瓷器税,《大元圣元政朝典章》二十二《户部》卷之八《洞冶》就有一则关于钧州瓷窑纳税的记录:"磁窑二八抽分至元五年七月初五日,制国用使司:来申:'钧州管下各窑户合纳课程,除民窑磁户课程依例出纳外,军户韩玉、冯海倚赖军户形势,告刘元帅文字拦挡,止令将烧到窑货三十分取一。乞施行。'制府照得先钦奉圣旨节文:'磁窑、石灰、礜、锡榷课,斟酌定立课程。'钦此。兼磁窑旧例二八抽分办课,难同三十分取一。除已移咨枢密院,行下合属,将合纳课程照依旧例办课外,仰照验钦依施行。"[18]

元代制瓷业的雇工数量也很大,"客作"就大的分工来说是"陶有窑"、"窑有户"、"工有作"、"作有家",其中仅各"工"之"作"就分为几十种。各工种之间按市场供需形成分工协作关系,共同形成流水线式的生产过程。

第二节 钧窑行业社会与技艺传承

一、钧窑行业社会

在大工业文明产生之前的手工业时代,行业神(或称"祖师神")崇拜是世界普遍现象,由于宋元时期手工业行会的发达,给祖师崇拜的繁荣提供了重要条件。从全国瓷业范围看,供奉的神相当多,有景德镇窑的童宾、宜兴窑的范蠡、龙泉窑的章氏兄弟、钧窑的柏灵翁等。

据民国《禹县志》记载:"柏灵公庙有二。一在古东汇里文风里神垕镇,始建无考,元延祐九年乡人常希重建。一在古东张镇(锡章里五甲岂村镇),庙圮久,惟存一元碑,残缺数字,在《山志》。"[19]据晋佩章

图3-2 位于神垕镇老街上的窑神庙（伯灵翁庙）

在《钧窑史话》中记载，神垕镇所建柏灵庙又称窑神庙，庙中供奉三神：中为土山大王，左为伯（柏）灵翁，右为金火圣母。土山大王即舜帝；伯（柏）灵翁据说是管工艺的神，神垕治陶者尊伯（柏）灵翁为瓷窑之神；金火圣母是司火之神。[20]

宋熙宁年间有文献记宜阳窑时云："伯灵翁者，晋永和中有寿人耳，名林，其字不传也，游览至此，酷爱风土变态之异，乃与时人传烧窑甄陶之术，由是匠士得其法愈精于前矣。"[21]如此看来，柏灵翁是晋代有名有姓的长寿者伯（柏）林，是一位制陶高手。而据传金火圣母是一位叫嫣红的姑娘，为了能让父亲按期烧出御用花瓶而投窑，皇帝闻之，称其为"神圣"，由此她便有了"金火圣母"和"圣后"之称。"神垕"据说就与"圣后"有关。[22]

目前柏灵翁庙只有花戏楼和关爷庙牌楼（图3-2）尚存。位于神垕镇老街上，当地准备重修这座窑神庙。据庙内大殿遗址上悬挂的简介，该庙主要建筑有窑神庙、花戏楼、道房、东西日月厅等。正门为花戏楼，是山门和戏楼两用建筑，即正面为山门，反面为戏楼。整个戏楼采用木结构为主的歇山、九脊飞檐楼阁式建筑,龙飞斗拱,层层叠装。门外设计一个抱庭,石狮、石柱、石雕古朴、庄重(图3-3);戏楼内雕梁画栋,粉笔彩屏;楼脊中心立一麒麟,背驮钧瓷宝瓶,栩栩如生。由当地瓷业行会一个自供自演的"一把泥"(窑工)梆子戏(现禹州市豫剧团前身),长年在花戏楼演出。

神垕民间文艺有高跷、旱船、龙灯、舞狮、大响等,每逢节庆,则由各行业筹资聘请河南地方剧种的梆子、曲子、越调等剧团演出,但"一把泥"剧团演艺及行头最好,也最著名。

图3-3 伯灵翁庙门柱上的石雕

据当地钧窑研究者介绍,以往每逢初一、十五便拜祭窑神。每年六月二十日窑神生日,八月十五日仲秋佳节,全镇窑口、商铺、窑工齐聚于窑神庙举行公祭,各路瓷商也云集庆贺,连演三天大戏,热闹非凡。[23]

元代张克己撰柏灵庙记碑文中记载:河南东张镇"所居之民,皆以烧造瓷器为业……是镇金国末年最为繁盛,人稠物充,几有万室,市井骈阗,不减城邑。"[24]钧窑与其他窑场一样,历来雇佣众多窑工烧制瓷器。光绪三十年(1904年)《东方杂志》第一卷第八期刊载了禹州知州曹广权创办的"钧兴公司"的公司章程和附有的《谕工匠帖》,从中可以看到晚清时期神垕镇钧窑雇工的基本状况:

"钧兴公司"设管账司事1人,管收发司事1人,杂务1人,匠首兼管窑1人,队勇1人,支应杂事1人,磨釉料2人,碾釉料2人,碾白药碱料2人,饲牲及粗役1人,包窑2人,和泥2人,劈柴2人,添火2人,装窑3人,开窑3人,担煤及渣1人。

章程规定了窑工的职责与赏罚:"每出一窑,照器色美恶,明定赏罚如下:釉色光莹鲜泽,器具十全完好者,为上色。釉色光莹鲜泽,器具微有小疵者,为二色。釉色沉黯,器具十全者为三色。釉色脱缺不具及罅折与口边毁剥者为脚货。各匠由公司给予印章一方,各于所作坯胎印记,每出一窑及按记分别某人所制之器,照前定成色查核,如得上色者,酌提定价十成之一,划为十分,赏给匠首四分,作匠四分,作匣钵者一分,添火者一分,以示鼓励。二色、三色,无赏无罚。脚货可出售者尚免议罚,若脚货不能出售者,照件数成本共计若干划作十分罚赔匠首罚四分,作匠罚四分,作匣钵者罚一分,添火者罚一分,以示儆戒。"曹广权在其所著的《瓷说》中记载:"大窑之中,风火窑匠最劳溜火,一日之前,细心而为,无所用力。第二日紧火之后,昼夜添薪,不使忽烬忽焰,炎凉不均,倦睡不能应机,神昏不能辨色,火有破璺走烟之失,器则有折裂阴黄之患。"[25]

章程规定的工作时间也颇为严格,工匠无论大小月,每月都以28天工作日计算,每天五更上工,黄昏下工,除了三餐之外不得擅自离开作房。非遇节假日,不得在工作日里告假,违者由司事禀明总办查究。

当时景德镇御器厂雇佣的工役分二十三作,"曰大碗作、酒钟作、碟作、盘作、茶钟作、印作、锥龙作、画作、写字作、色作、匣作、泥水作、大木作、小木作、盘木作、铁作、竹作、漆作、索作、桶作、染作、东椎作、西椎作"[26]。可见窑业雇佣窑工之多。

二、钧瓷技艺传承

2006年7月,神垕镇钧瓷艺人、自号"卢钧张"的张自军向河南省民间文化遗产抢救工程工作委员会申报"卢钧"传承人,经当地报纸公示后,卢广文之孙、卢正兴之子卢俊岭向有关机构提出异议,后来有关机构对此事作了平衡处理,将张志军和卢俊岭两人同时作为"炉钧传承人"审批。此事在神垕镇引起轰动。一种说法认为,卢家后代卢俊岭才是"炉钧"的正宗传承人,卢家前辈(主要是卢广东、卢广文、卢广兴)生前并未公开表示收徒张自军,张自军有自我"贴金"的嫌疑。另一种说法认为,卢家后人并没有获得祖辈"炉钧"烧制真传,甚至烧不出卢家传统发明的"卢钧",张自军烧制的"炉钧"确实有卢家祖传的风格。[27]

卢氏第二代艺人卢广同、卢广东、卢广华、卢广文等为恢复钧瓷矢志不移,在长达数十年的研究和试验中,终于使失传已久的钧瓷于清光绪年间恢复生产。其后,神垕钧窑发展到十多家。卢氏家族第三代传人只有卢广文之子卢正兴担当;第四代则为卢正兴之子卢俊岭。显然,"卢钧"是在清光绪年间使久已失传的钧瓷恢复烧制,并通过家族之内的技艺传承至今。

关于张自军与"卢钧"的关系,从王洪伟博士对神垕当地钧瓷艺人的访谈来看,张自军曾师从卢正兴。而对此卢俊岭并没有完全否定,只是在接受访谈时称:卢广东收徒太多,无法统计。事实上神垕镇作为一个瓷区,师徒学艺相当盛行,只是与家族技艺传承有所不同的是,钧瓷配釉的技艺只在家族中传承,而不授予外人,只有在造型、烧成上师徒之间会有所传承。[28]

1929年,禹县县长王桓武设立禹县职业中学,并开设陶瓷科,把"卢钧"第二代传人卢广华等和神垕镇其他钧瓷艺人集中起来,讲授钧瓷烧制技艺。王桓武还亲自听讲,并亲手按照艺人的方法试烧,结果一次次失败,其一怒之下将卢广华关进监狱,罪名是"藏奸保密,教学不力",可见家传技艺之壁垒森严。直至当代,神垕镇各家卢钧的配釉与烧制虽然大同小异,但小异之处仍然秘不示人。

关于"卢钧"与"炉钧"的异同。一种观点认为两者是一回事,卢氏烧造钧瓷,除在粗瓷窑内搭烧仿雨过天晴器外,主要是用风箱炉小窑在还原高温下烧成,故称"炉钧",又因出自卢家艺人之手,也称"卢钧"。而另一种观点认为,"卢钧"和"炉钧"是两种差别很大的制钧工艺。"卢钧"特指清末民初神垕卢家发明的一种麻斗窑炭烧工艺,一窑一器,炭尽器成,成品率极低,属于高温、香灰胎钧瓷瓷种;而"炉钧"是清代雍正年间景德镇发明的一种仿钧工艺,属于低温、白胎制钧工艺。后者的说法其实涉及到两种制瓷技艺,但从王洪伟博士对神垕镇瓷业所作的社会学调查发现,从当代神垕钧瓷的直接渊源上来说,几乎都绕不开卢家,目前神垕甚至禹州本地强势的钧窑都能发现卢家传承的影子。因此,笔者认为,从技艺传承的角度来看,神垕镇的"炉钧"即为"卢钧",与景德镇的仿钧工艺显然无关。

由于制瓷技艺的家族与师徒传承遵循着口口相传的古老法则,并出于保密原因,钧瓷烧制上千年来没有文字记载,因此很容易造成技艺失传。"作为保守行的传统手工产业,钧瓷艺人尤其将钧釉配方看做看家养生的'命根子',包括钧釉配方为主的钧瓷技艺主要掌握在部分家传或师传的少数艺人和匠师那里,不仅不利于钧瓷技艺的流传、发展和创新,甚至常常面临技术承传断裂的危险。"[29]从民国开始,神垕钧瓷制瓷技艺开始尝试职业教育。新中国成立后,神垕镇也建立了陶瓷技工学校等,为国营瓷厂输送职工,但主要还是传授陶瓷烧造的一般性的基础知识。

2006年,许昌学院与禹州市钧瓷研究所联合创办"陶瓷艺术设计专业",这标志着钧瓷业的人才培养由千百年来师徒与家族传承向现代化教育模式转型。然而,笔者认为,制瓷业作为传统手工业,烧制日用粗瓷、建筑瓷等,适合标准化、规模化的大批量生产,并由手工业进入大工业产业化形态。但作为以陈设为主的钧窑艺术瓷,仍然离不开艺人的手艺,尤其是那"入窑一色、出窑万彩"的绝活,其配方与烧成在瓷器的烧制过程中无需成为公开展示的必要程序,因此,就是在知识产权保护十分发达的现代社会,也无需申请专利而公诸于众。而瓷器造型等设计,随着作品的展示立即成为"公开的秘密",必须通过知识产权的保护维护著作权人的合法权益,包括与之而来的经济利益。其次,钧窑艺术瓷历来走高端化、精品化路线,产量低,烧成成本高,加之无法实施产品的标准化和扩大通用化程度,因此不适宜产业化的大规模生产,在民窑大量崛起、经济利益优先的钧窑瓷区,其技艺仍然会遵循着传统的家族相传辅以师徒相传的方式进行。正如王洪伟博士所言:"至于这种'文凭'式的现代教育确证制度到底具有多大的恰切性,尚需拭目以待。"[30]

注释:

[1] 刘子健著,赵冬梅译:《中国转向内在——两宋之际的文化内向》,江苏人民出版社2002年版。
[2] [宋]吴自牧著,符均、张社国校注:《梦梁录》,三秦出版社2004年版。
[3] 胡小鹏著:《中国手工业经济通史·宋元卷》,福建人民出版社2004年版。
[4] [宋]吴自牧著,符均、张社国校注:《梦梁录》,三秦出版社2004年版。
[5] 熊寥、熊微编著:《中国陶瓷古籍集成》,上海文化出版社2006年版。
[6] 《宋史·食货志》,引自熊寥、熊微编著:《中国陶瓷古籍集成》,上海文化出版社2006年版。
[7] 《元史》卷七十四,引自熊寥、熊微编著:《中国陶瓷古籍集成》,上海文化出版社2006年版。
[8] 熊寥、熊微编著:《中国陶瓷古籍集成》,上海文化出版社2006年版。
[9] 胡小鹏著:《中国手工业经济通史·宋元卷》,福建人民出版社2004年版。
[10] 何新所辑注:《钧瓷历史文献辑注》,学苑出版社2012年版。
[11] 冯先铭主编:《中国陶瓷》,上海古籍出版社2001年版。
[12、13] 胡小鹏著:《中国手工业经济通史·宋元卷》,福建人民出版社2004年版。
[14、15] 何新所辑注:《钧瓷历史文献辑注》,学苑出版社2012年版。
[16] 熊寥、熊微编著:《中国陶瓷古籍集成》,上海文化出版社2006年版。
[17] 胡小鹏著:《中国手工业经济通史·宋元卷》,福建人民出版社2004年版。
[18、19]何新所辑注:《钧瓷历史文献辑注》,学苑出版社2012年版。
[20] 晋佩章著:《钧窑史话》,紫禁城出版社1987年版。
[21] 叶喆民文:《窑神碑"伯林"问题考释》,载《中国古陶瓷研究专辑》,1983年第1辑。
[22] 李乔著:《行业神崇拜》,中国文联出版社2000年版。
[23] 李少颖著:《阳翟瓦庐集》,中州古籍出版社2009年版。
[24、25] 何新所辑注:《钧瓷历史文献辑注》,学苑出版社2012年版。
[26] 曹广权:《瓷说》,引自何新所辑注:《钧瓷历史文献辑注》,学苑出版社2012年版。
[27、28] 王洪伟著:《传统文化隐喻——禹州神垕钧瓷文化产业现代性转型的社会学研究》,中州古籍出版社2011年版。
[29] 王洪伟撰:《如何表述传统技艺——基于钧窑科技史口述实践》,载《许昌学院学报》2012年第1期。
[30] 王洪伟著:《传统文化隐喻——禹州神垕钧瓷文化产业现代性转型的社会学研究》,中州古籍出版社2011年版。

第四章 时代背景与文化模式

第一节 社会环境与生活方式

  北宋建国后的治国方略是"以儒治国","欲以文化成天下",这与五代时期武夫治国造成中国最黑暗的时期有关。五代时期武夫拥兵割据,独霸一方,导致军阀混战,武夫专横,文人是没有任何社会地位的,往往是"絷手绊足,动触罗网,不知何以全生"。[1] 于是一部分文人选择消极避世,放弃传统文人士大夫救世精神;而另一部分文人则选择入世,卑躬屈膝献媚于武夫,以求苟生。于是文人士大夫"穷则独善其身,达则兼济天下"的精神风貌荡然无存。有鉴于前代武人政治的弊端,宋太祖在建国后立即通过"杯酒释兵权"解除武将的权力,并制定了一系列保护文臣的制度,对文人采取了比较宽容的政策,其中就有著名的遗训"不杀士大夫",明令"不欲以言罪人"。[2]

  同时,北宋科举制度也得到了进一步的完善,实现了最大程度的公平竞争,使得一大批平民寒士能通过平等的考试进入仕途。"1015年,礼部放榜,合格进士者竟无一人以权门显名。仁宗朝,13榜进士状元,有12人出自贫民布衣之家"[3],由此改变了唐代科举中存在的请托权门、打通关节的弊病。

另一方面,北宋在军事、政治和经济方面的努力显得希望渺茫。随着北宋对北方用兵的一再失利,以及对王安石改革的失望,文人士大夫只能在实际事务中转向现实主义的立场,整个社会逐渐转向温和,最终导致宋代精神文化转向内向,形成一种宋型文化范式。

以上现实的社会环境使得宋人的兴趣从沙场建功转向考场折桂,也使得士大夫的审美趣味更注重内心的审美体验,追求内心世界的自我完善。人文活动占据了士大夫大部分日常生活,作画赏瓷、听琴玩玉、焚香品茗、玩碑弄帖、谈禅论道成为精神享受的文化心理。南宋赵希鹄在《洞天清录集序》中有这样一段话:"唐张彦远作《闲居受用》,至首载斋阁应用而旁及醯醢脯羞之属。……为君子受用如斯而已乎?……多以声乐为受用,殊不知吾辈自有乐地。悦目初不再色,盈耳初不在声。尝见前辈诸先生,多蓄法书、名画、古琴、旧砚,良以是也。明窗几净,罗列布置,篆香居中,家客玉立相映。时取古文妙迹,以观鸟篆蜗书,奇峰远水,摩挲钟鼎,亲见商周,瑞研涌岩泉,焦桐鸣玉佩,不知身居人世。所谓受用清福,孰有逾此者乎?是境也,阆苑瑶池,未必是过。"[4]

从社会阶级结构来看,由唐朝中期开始的社会变革到宋朝也已经完全定型。由门阀士族和均田户、部曲、奴客、贱民、番匠、奴婢等组成的旧的社会结构,到宋代转变为官僚地主和佃户、乡村上户、乡村下户、差雇匠、和雇匠、人力、女使等组成的新的社会阶级结构。商人的社会地位有了很大的提高。地主普遍将土地出租给农民收取地租,租佃关系的发展使得宋代的农业、手工业、商业和科学技术都取得了新的成就。商业性市镇在乡村和城郊地带广泛兴起和发展,城镇手工业发展显著,成为宋代社会经济发展的一个显著特点。

宋代社会生活方式的变化使得作为主要日用品与工艺品的瓷器满足了人们的消费欲望。宋代陶瓷饮食具、枕具、玩具、灯具等被广泛使用。"宋人富于枕趣,隋唐时已有的瓷枕十分流行,更具特色。瓷枕暑日用,张耒《柯山集》卷10《谢黄师是惠碧瓷枕》诗云:'巩人作枕坚且青,故人赠我消炎蒸'。"[5]宋代有一种从四川传到中原地区的瓷制省油灯颇受欢迎,陆游记道:"宋文安公集中有省油灯盏诗,今汉嘉有之,盖夹灯盏也。一端作小窍,注清冷水于其中,每夕一易之。寻常盏为火所灼而燥,故速干,此独不然,其省油几半。"6 同时,皇室、贵族、官僚、富商大贾由于装点居室和观赏收藏的需要,豪华富贵的陈设用瓷也十分受热捧。

第二节 审美时尚与钧瓷的人文内涵

由于五代时期武夫治国、军阀混战,造成了中国最黑暗的历史时期,社会的动乱、道德的沦丧、价值体系的崩溃导致世风败坏、人欲横流、政治腐败、民不聊生,死亡的恐惧成为生命中挥之不去的阴影,同时还导致了整个社会深刻的精神与信仰的危机。而中国传统文化在面临危机时,只有一条自我拯救之路,即通过对道德人格的自我审视重建士大夫的精神世界与价值体系。宋代建立后,文人士大夫开始重新寻找儒家精神信仰世界,以摆脱中国历史上一次最深刻、最危险的精神危机。在中国传统文化、哲学思想中,关于人的最高理想境界的实现,无疑就是"内圣外王"了。然而,由于宋代军事、政治上的软弱,"外王"对于士大夫而言几乎是一个不可实现的目标,同时,"外王"思想及努力,也很有可能成为士大夫个人的取祸之途,因此唯一可行的路就是转向"内圣"。与此同时,宋代统治者为了加强与政治相适应的思想统治,也倡导尊儒读经,极力提倡重整伦理纲常、道德名教,也成为了宋代儒学复兴的一个显著特点。最终经过几代人的努力,宋代士大夫终于重建了儒家精神信仰世界——理学,恢复了理想道德与审美人格,形成一种文化范式,并为中国传统社会后期数百年的精神信仰的发展奠定了基础。

"宋代文化最重要的特点并不是简单的儒学复兴,而是在于对儒家思想价值的重新认识和发现,并使其无比的权威性和鲜明的实践性构成社会意识和行为的精魂。在宋代,知识分子已不再只是儒家经义的阐释者,而是同时成为其思想和主张的实践者"。[7]

宋代的理学家们看到,要重建士大夫的审美人格,就要"别有乐处"。那么究竟何为"乐"?程颐、程颢是这样解释的:"学者须先识仁。仁者,浑然与物同体。义、礼、知、信皆仁也。识得此理,以诚敬存之而已,不须防检,不须穷索。若心懈则有防,心苟不懈,何防之有?理有未得,故需穷索。存久自明,安待穷索?……孟子曰:万物皆备于我,须反身而诚,乃为大乐。"[8]

"浑然与物同体"才能实现"仁",这种"天人合一"似的高度融合才是大乐的境界。这不禁使人想到北宋山水画家郭熙的画论著作《林泉高致》中的一句话:"盖身即山川而取之,则山水之意度见矣。"在他看来,"山水之意度"就是山水的审美形象,而要实现审美的关照就在于审美者要做到"身即山川而取之",即自身要拥有审美的胸襟,他称之为"林泉之心",才能与山川高度融合,达到一种"天人合一"的审美境界,也就是理学家所说的"大乐"的境界。

北宋文人黄休复在其著作《益州名画录》里将画分为"逸"、"神"、"妙"、"能"四格,并且将"逸格"列在其他三格之上。这种在艺术中渗透"逸"的品格,表明了宋代文人士大夫一种超凡脱俗的生活态度和精神境界,其核心内容就是"得之自然"、"浑然与物同体",这样的艺术品即为"逸品"。因此,"逸格"从本质上来说仍然反映了宋代文人士大夫崇尚"天人合一"的审美人格。

在古代中国,知识与思想决定性的支持背景其实就是"天人合一"思想,在这个背景下,宋代的文人士大夫在作画赏瓷、听琴玩玉、焚香品茗、玩碑弄帖、谈禅论道中,运用思考、联想和自己思想的表述与实践重建了审美人格。

宋代钧瓷的窑变釉由于釉色的相互交融而产生的无数颜色不一、形状各异的釉色形态,即"钧瓷无对,窑变无双",诸象颇为神奇,妙景竞生,其神妙绝非世间丹青妙手心思所能及者,因其色其形皆为天成,所谓道法自然者也,非"逸品"莫属。尤其在火与土的结合中煅烧出自然天成,非人为可控的釉色,"入窑一色,出窑万彩",达到人工与天工同体。因此,在古陶瓷的制作中最能体现"天人合一"的美学意境与人文内涵。

北宋中后期,画坛上正式出现了"士人画"的绘画美学理论,也就是后世所谓的"文人画"。苏轼首先提出了"士人画"的概念,并强调"士人画"和"画工画"不同,前者注重"意气",而后者只取"皮毛"。因而"士人画"不在于"形似",而在于"传神"。他在诗中这样写道:"论画以形似,见与儿童邻。赋诗必此诗,定非知诗人。诗画本一律,天工与清新。边鸾雀写生,赵昌画传神。何如此两幅,疏澹含精韵。谁言一点红,解寄无边春。"(《书鄢陵王主簿折枝二首》之一[9]

钧釉中的红斑有"钧瓷挂红,价值连城"之说。这是在工艺上将青蓝色的釉上有意涂上一层铜红釉所造成的,即所谓"天青挂红"或"月白挂红"等。如果结合苏东坡所表达的"谁言一点红,解寄无边春"的文人画的审美情趣,也就不难解释钧釉中的红斑为什么会价值连城了。

钧瓷的窑变釉和釉中挂红、挂紫不仅改变了宋代色釉瓷单一的装饰方法,更主要的是体现了文人士大夫的审美时尚和丰富的文化内涵,终于在北宋晚期被皇室选中生产御用陶瓷,迎来了钧瓷制作史上的第一个辉煌时期,并最终成为宋代五大名窑之一。

第三节 文化模式的成型固化与文化产品的成功

在中国历史上,自从文人意识开始贯注于所有上手过眼的物件开始,几乎所有出自于能工巧匠之手的物件的行款格式都开始呈现文人的品味意趣，以至于直接间接地开始影响整个社会人群的审美趋势，成为时髦、时尚，风靡一时，意识对物质世界的作用通过利益驱动使得物质形态本身开始适应意识，于是艺术的造型在工艺品上得以充分体现。

钧瓷以其体现了文人士大夫的审美时尚和丰富的文化内涵，成为宋代主流瓷品，因此产品的生产目的已经大大突破单一实用性，在成为趋向实用的同时又能成为赏心悦目的高级工艺品的制作，窑变釉和釉中挂红、挂紫看似并未刻意雕琢，但是就是这样自然而又富于变幻的釉色，却极大地体现出当时文人所追求的富于文化内涵的低调奢华。

文人群体相对于社会人群来说虽只是小众，但是由于该人群掌控了教育教化的话语权而且又由于经由科举成为运作社会行政权力的人，无形中他们成了社会文化的引领者。更何况钧瓷在宋代末年被皇室选中制作御用官瓷，因此，风尚时髦，上行下效，虽由于地位财力所限，追风者所得不在一个档次，但是形式是一致的，故有雅俗贵贱之分。大多数赶时髦的尽管只是附庸风雅，却对于奢华之风起到了推波助澜的作用，虽然有点本末倒置，但那些不知就里的模仿者反而容易保持时髦的热情，加之这种时尚在社会生活中具有一定的文化标签作用，使原貌保留的时间会很长。

《古今小说》卷三十六《宋四公大闹禁魂张》中，有一个在东京金梁桥下卖酸馅的小贩王秀，诨名唤作"猫病儿"，住在大相国寺后面的院子里，"他那卖酸馅架上一个大金丝罐，是定州中山府窑变了烧出来的，他惜似气命"。在东京金梁桥下卖酸馅的一个小贩，也竟然对窑变瓷如此珍惜，不仅说明窑变瓷在当时十分珍贵，同时连小商贩居然也附庸风雅，在一定程度上反映了文化在社会时尚中的标签意义。

法国当代著名社会学家让·鲍德里亚（Jean Baudrillard）曾经这样写道："您有一位出自名门的妻子和一辆阿尔法罗密欧2600斯普林特？但是假如您使用绿水牌香水的话，那就拥有了名士所必须的三要素，您就拥有了后工业时代贵族气质所有必需的部分。或者还有，在您的厨房使用弗朗索瓦兹·哈黛使用的那种马赛克,或者使用碧姬·芭铎使用的那种混合气板,或者别出心裁地使用某种烤面包器,或者还可以用普罗旺斯的草和木炭来露天烤肉。当然,这些边缘差异本身是服从于某种微妙的等级制度的。"[10]这说明消费者在选择产品时,将产品当作向其他人传播他们与若干复杂的社会属性和价值观念的关系的一种手段。通俗的讲就是消费者通过消费,实际上体现了自己对自我的看法、定位和评价,以及对自己社会角色和地位的接受。

同样,宋代钧瓷的消费已经不是纯粹的物的消费,更是意义的消费,体现的是皇家品味与文人气息,文化与社会层次无时无刻不在人们对钧瓷的消费中被显现出来,成为一种时尚的标签。这种时尚原貌被长期保留,就会逐渐在社会生活中不分社会身份的高低贵贱,而成为一种相对固定的这个时代的生活方式。

再以中国的传统饮茶习俗为例。中国茶史上历来有"茶兴于唐,盛于宋"的说法。唐宋时期不论宫廷还是民间,饮茶之风相当普及,茶坊茶肆林立。李觏在《富国策第十》中记载:"茶非古也,源于江左,流于天下,浸淫于近代。君子小人靡不嗜也,富贵贫贱靡不用也。"[11]

宋代茶风炽盛,使得起源于唐代的"斗茶"、"茗战"之风兴盛。"斗茶"是评比茶质优劣和调茶技术的方式,最初是唐代建州茶农在新茶制成后,为了评比新茶品序而进行的比赛,后来发展到茶农以外,还增加了评比点汤、击沸技艺的高低。但最后却被宋代皇室、贵族、士大夫所接收,成为表现文人趣味的雅文化。

关于斗茶的标准,蔡襄在《茶录》中是这样表述的:"视其面色鲜白,著盏无水痕为绝佳。建安斗茶,以水痕先者为负,耐久者为胜。故较胜负之说,曰'相去一水两水。'"[12]也就是说先看汤色,以纯白如乳为上;其次看茶汤,茶汤的表面泛起的"汤花"能较长时间凝住茶盏内壁不动为胜,俗称"咬盏";汤花散退较快,先出现水痕的为负,俗称"云脚涣散"。水痕俗称"水脚",出现的地方在茶盏内壁与茶汤相接

图4-1　北宋　建窑黑釉茶盏

处。宋代茗战以三战二胜决出胜负。

斗茶用的茶盏,最好的就是当时的兔毫黑釉建盏了。为此蔡襄在《茶录》中就直言不讳地说:"建安所造者,绀黑,纹如兔毫,其坯微厚,燌之久。热难冷,最为要用。出他出处者,或薄或色紫,皆不及也。其青白盏,斗试家自不用。"[13]建窑兔毫黑釉盏大口小径,形似斗笠(图4-1),其黑釉能衬出斗茶使用的吉安白茶茶汤之色白,且可清楚看出"咬盏"及"水痕"的情况,所以在当时受到了斗茶者的广泛青睐。

在这样的社会氛围和文人士大夫审美情趣的影响下,整个社会市井布衣的审美趣味也向这种时尚靠拢,在社会上层阶层雅文化的影响下,培育出了与之表现形式相近的俗文化。皇公贵族、文人士大夫斗茶玩盏同样也影响了市民文化,形成社会时尚与世风,形成一个时代饮茶习俗。其实,建窑黑瓷本身并不是一种讨人喜欢的釉色,然而在宋型文化的范式中,由于时代审美趣味和帝王士大夫对精神认知的追求,终于把建窑黑瓷的雅与俗、巧与拙的艺术双重性表现得完美无缺,将两种不同层次、不同趣味的民间艺术和文人艺术形成对流,形成一个朴实无华的写真世界,并将其提到某种心清如水,大彻大悟的哲理高度,成为这个时代饮茶习俗的文化内涵。

综上所述,一个时代的文化时尚就是这个时代同一文化圈的群体所选择的主流生活方式,而某个历史时期形成的群体性选择适应社会的生活方式。相对其可能的诸多特殊对象,保持其同一性而显现为一种认识和行为模式,且无条件地反复使用,逐渐形成长期固定的行为模式和与之相伴的物质表现形式,通过与其可能的诸多特殊对象表现形态的整合建构一种文化模式,形成一个更方便直观地理解文化的概念。同时,一个文化产品的成功,毋庸置疑地必须依凭某一个历史时期文化模式的成型固化,宋代的钧瓷、建盏均如此。

美国人类学家露丝·本尼迪克特在《文化模式》一书中,基于一种文明的固定视角,提出并系统地阐述了"文化模式"(patterns of culture)体系。她从日常生活中司空见惯的,最琐碎而又最为平常的"习俗"出发,向人们展示了各文明中构建起来的不同"文化模式"。在划分方法上,作者提出文化模式主要是以民族为单位划分,她是这样表述的:"真正把人们维系在一起的是他们的文化,即他们所共同具有的观念和准则。如果一个民族不把诸如共同血统遗传作为一种象征,也不把它作为口号,而毋宁把自己的注意力转向那个把自己的人民结为一体的文化,强调它的长处和优点,同时又承认在不同的文化中发展起来的不同的价值。"[14]

同时她认为,文化模式是在该民族特定文化中逐渐发展并完善的,也就是一种对文化的整合过程。文化的整体不是它的所有部分的总和,而是生活中各种习俗通过各种形式组合起来形成的独特而互相紧密联系的实体。每一种文化既不是各部分简单而整齐的排列组合,也不是杂乱无章,散漫各处的碎片化仪式。她认为文化的整合重点在于从"完形"把握一个文化的整体。

笔者认为,在一个民族"完形"的文化模式体系中,其实包含着各个时代生活方式、精神特质等方面的差异,就是同一种文明也会在时间相继上形成不同历史时期的文化模式。因为,每个历史时期的文化模式不是一成不变的,在社会历史与生活方式的不断变化演进过程中,已有的时代文化模式既有一定的延续性,也往往会被一种新兴的时代文化模式所替代,从而走向消亡。因此,一个民族文化模式还应当依据时代、区域作为单位划分。如果文化模式以民族作为单位划分是一种体系的话,那么文化模式在一个民族内部以时代、区域作为单位划分,则无疑是一个民族或同一种文明在各个历史时期或同一时代各个区域形成的文化模式的整合、发展过程。

正如露丝·本尼迪克特所持的观点，文化模式是一种动态的模式，长期存在却也无时无刻不处于变动之中。文化模式的改变导致个人适应社会方式的改变，原来是正常的变为变态的，原来的变态却成为正常。不仅是同一时代下不同区域的不同文化模式的差异，也包括同一种文明在时间相继上的改变。

同样，文化模式如果在一个民族某个历史时期或同时代不同区域以每个文化行为为单位划分，那么就是一种长期稳定的认识与行为模式和与之相伴的物质表现形式，其仍然包含着诸多特殊对象所形成的文化集丛或文化整合，这也是本书所指称的文化模式。

我们以中国饮茶习俗为例，宋代的饮茶文化与斗茶时尚到了明代发生了深刻的变化，这主要缘于明代社会生活中出现了几个重大变化。第一是饮茶方式有变，明代以芽茶为主，用沏茶方式饮用，散茶在冲泡后饮茶汤，而不再像宋代一样将砖茶冲泡后将茶末一起吞食，这样的饮茶方式一直沿用至今；其次是明代宜兴紫砂壶茶具的崛起；第三是明代中庸、含蓄、简练的审美时尚的流行；第四是从宋代的斗茶到明代以茶会友的人际关系的形成。明代这种新型饮茶方式中包含的茶文化集丛，与其他文化集丛如焚香抚琴等或因茶而起的人际交往方式，以及时代的审美观念等的文化整合，形成一种固化定型的新兴的文化模式。

明代饮茶方式的变化在形成新兴文化模式之后，导致宋代崇尚的黑釉茶盏与其不相适应，代之而起的茶壶成了与之相匹配的茶具。因为沏茶法是将茶叶直接放在茶壶中冲泡，茶壶口径大易放入茶叶，腹径大易于茶叶冲泡后沉淀。此时，紫砂壶以其泡茶不失原味，使茶的色、香、味皆蕴，保温又好，使用时不灸手等特点逐渐成为茶具主流（图4-2）。由此可以看到，当一种文化模式被另一种新兴的文化模式所取代时，其所依附的文化产品也一起被替代了。因此，文化模式的变更是基于一个时代的客观社会存在和作用于人的行为意识作为前提的，面对文化变更必须超越以往具体的经验存在和文化意识，文化模式并没有不可易的专用属性和绝对合理性，而是一个时代的客观社会存在和人的行为意识相对称的。

图4-2　明代　紫砂供春壶

除此之外，一个时代文化模式的变更与建构的方法还源于文化的"嫁接"。露丝·本尼迪克特表示，文化模式的变化最重要的一种，即是对其他文化合理成分的吸收，借此来发展自己的文化。笔者认为，这种吸收源于文化趣味和文化评价，文化建构不只是单纯地保持自身的文化趣味，而应当谋求能够共享的文化模式。而文化评价不断提出文化甄别问题，激发文化变革的自觉意识，成为文化模式变革的动力。文化嫁接既是民族之间对于彼此文化合理成份的吸收，也是一个民族内部或同一文化圈各个时代、地域、生活方式、精神特质、文化表现形态之间的吸收与互补，以达成文化趣味的共享性。

以明清客堂家具陈式为例。著名的明代家具中，客堂的座具主要以等级地位之分，身份低的人坐凳子，如圆凳、方凳；身份地位高一点的人坐没有扶手的灯挂椅；而身份地位较高的人物则坐有扶手的官帽椅、圈椅、玫瑰椅、交椅等，当然身份最高的是皇帝，那就坐上了宽大的宝座了。这显示的是明人的行为选择所形成的一种生活方式。而清代客堂家具则完全陈式化了，主座由条案、八仙桌与东西两把太师椅组成，主人坐东边太师椅，之后便衍生出"东家"或"做东"，而客人坐西边太师椅，东西两边八椅四几亦如此（图4-3）。另外，条案上东头安放瓷瓶，西端放置插屏（镜），有"平静"（瓶镜）之意，瓶与条案为"平安"（瓶案）的谐音。由此完成了瓷文化与木文化的嫁接，也形成了一种与明代客堂家具陈式完全不同的中堂家具格局与生活方式。清人文化模式的变更既是对明人文化模式的评价结果，也是由自身的文化趣味所决定的。

图4-3　位于神垕镇卢钧窑遗址内的清代太师椅陈设

注释：

[1]　赵翼著：《廿二史札记》卷二二，中华书局1984年版。

[2]　[宋]程颢、程颐著，王孝鱼点校：《二程集》，中华书局1981年版。

[3、4]　刘方著：《宋型文化与宋代美学精神》，巴蜀书社2004年版。

[5]　张邦炜　等著：《宋辽西夏金社会生活史》，中国社会科学出版社1998年版。

[6]　[宋]陆游撰：《老学庵笔记》，中华书局1979年版。

[7]　许总著：《宋明理学与中国文学》，百花洲文艺出版社1999年版。

[8]　[宋]程颢、程颐著，王孝鱼点校：《二程集》卷二上，中华书局1981年版。

[9]　王水照选注：《苏轼诗集》，上海古籍出版社2014年版。

[10]　[法]让·鲍德利亚著，刘成富等译：《消费社会》，南京大学出版社2008年版。

[11]　[宋]李觏撰，王国轩点校：《李觏集》，中华书局1981年版。

[12、13]　吴龙辉主编：《煮泉小品》选《茶录》，中国社会科学出版社1993年版。

[14]　[美]露丝·本尼迪克特著，王炜译：《文化模式》，社会科学文献出版社2009年版。

第五章 传统文化资源的现代转型与文化产品开发

第一节 具有资本属性的文化资源实施产业化战略分析

民族文化资源是在一个民族漫长的历史发展过程中,通过文化创造、积淀和延续所形成的,可供满足人们物质生活需要和精神生活需要的自然资源和社会资源的总和。其蕴藏在历史文化传统之中,存在于社会文化现状中,弥散在整个物质生产和精神生产的创造过程中。[1]

中国传统的文化艺术品综合体现了民族文化资源特征,既有文化自然资源,又包含了诸多文化社会资源,几乎融合了宗教文化、吉祥文化、民俗文化、建筑文化、语言文化、经典文化等内容,是沿着民族文化本源及其传承,在物质和精神生产过程中创造的有形的文化产品之一,并呈现出三种形态:一是物质化形态,如造型、釉色等;二是经验性的工艺、技能和创新创意的文化能力;三是思想、信仰、价值观念、审美意识等精神形态。

文化资源本身并不等同于经济资本,不能像经济资本一样在市场经济条件下,直接通过金钱投资的方式参加经济活动,并发挥自身的作用而产生经济效益,最终获得利益上的回报。同时,文化资源也不能直接等同于文化资本,即并不是所有的文化资源都可以成为文化资本进入经济活动中进行产业化经营。

根据法国社会学家皮埃尔·布迪厄(Pierre Bourdieu)在其论文《资本的形式》中提出的文化资本理论,只有那些具体化的"客观的形式"如文学、绘画、纪念碑、器械等,在其物质性方面是可以传承的物质资源,以及那些通过家传和制度化形式掌握这种物质文化创意、制作技能的人才资源,才具有文化资本的属性。即文化资源中物质化、符号化的有形的文化资源,如建筑、美术、音乐、雕塑、工艺品等;以及技能型的文化创造能力,即为物质性的文化存在提供服务、劳务的技能,如建筑设计、美术绘画、音乐演奏、雕塑刻画、工艺品制作等技能和造型能力,其中包括了构思、设计、创意、制作等能力,是一种文化智能资源。[2]

这里我们以有形的文化资源中的陶瓷艺术品为例。在中国历代名窑遗址的瓷业传承中,当地资深的文化生产者利用传统文化资源进行文化产品的生产和文化产业的开发。其中我们不难发现,其文化资本的三种形态分别为:第一,经过"家传"和师徒相传的方式掌握制作、烧制陶瓷技艺的艺匠,即陶瓷文化资本的"身体化形态";第二,历代名窑优秀陶瓷产品及产品工艺特征(具体包括原料与成形、器具与机械、窑具与烧成、胎釉与装饰等等),即文化资本的"物化形态";第三,列入全国重点文物保护名录,具有国家和地方认证、颁发的工艺美术师和工艺美术大师职称评定体系,抑或拥有陶瓷工艺学校乃至大学传授陶瓷技艺的教育,即文化资本的"制度化形态"。钧窑当地学者王洪伟博士在其著作《传统文化隐喻——禹州神垕钧瓷文化产业现代转型的社会学研究》中,曾对于钧瓷文化资本的分析做过精辟的阐述,笔者就不再赘言了。

具有资本属性的文化资源要实现向经济价值的转换,必须以文化产品的形式进入经济活动,满足市场需要和价值增量才能实现,从而实现产业化运作。民族文化资源的产业化是文化资源成为文化产业的重要环节,这是将文化资源作为经济活动的要素——文化资本,通过文化创意形成文化产品并进入市场,参与商品的流通、交换、分配、消费过程,形成产业形态,成为规模化生产的文化产业。

民族文化资源的产业化运作首先必须确定产业化战略,才能实现民族文化资源向文化产业转换,产业化战略的选择要根据民族文化资源与文化产业各自的特点,按照产业化的一般规律,最终使民族文化资源发挥最大的效用,形成产业化的强势发展。因此,民族文化资源的产业化战略应该包括:文化资源的市场化战略、文化资源的创新创意战略、文化资源的集群战略、文化资源的人才战略和文化资源的国际化战略。

而当代钧瓷正在从产业集群、产品创新、人才培养、市场培育等方面实施产业发展战略,下面就结合笔者对钧窑产业的观察试做一些具体分析。

第二节 钧窑文化产业集群与观察

一、文化产业集群与钧瓷文化创意产业园区现状

2006年国务院印发的《国务院关于印发2006年工作要点的通知》、《国家"十一五"时期文化发展规划纲要》以及文化部印发的《文化建设"十一五"规划》中,均明确提出"建设一批文化产业强省、强市和区域性特色文化产业群,形成文化产业协调发展的格局"。

2012年2月28日,文化部向社会发布《文化部"十二五"时期文化产业倍增计划》,提出在"十二五"期间,文化部门管理的文化产业增加值年平均现价增长速度高于20%,2015年比2010年至少翻一番,实现倍增。并特别强调文化产业的集聚发展,以整合继承各类资源,共享公用基础设施、设备、信息和服务,降低文化企业的创业和运营成本,形成规模效应。同时培育集创意研发、生产销售、文化体验为一体的传统民族民

间工艺品集散地。

综合我国学者对文化产业集群的研究,可以理出一条简单的思路,并形成文化产业集群的一些基本概念。即文化产业集群是围绕艺术品业、工艺美术业等产业为核心(《文化部"十二五"时期文化产业倍增计划》列出了文化产业11个重点行业:演艺业、娱乐业、动漫业、游戏业、文化旅游业、艺术品业、工艺美术业、文化会展业、创意设计业、网络文化业、数字文化业),每一个核心产业都有众多企业、机构集聚一地或彼此靠近,即有一个给众多企业、机构扎堆的地理空间,这个空间可以是一个单独的实体市场或园区等微观层面的集核式空间,也可以是在一定范围内的地域空间,其形式可以是点状的,也可以是网络状的,并呈现出由物理空间转向社会空间的发展趋势。而这些众多的企业在一定的集群空间里以专业化分工与协作为基础,形成一个相互依存的共生体,可以是组成产业链型的分工协作,集生产、展示、营销、交易为一体;也可以组成共享产业要素和基础设施平台的横向聚集。这些企业和机构包括产业链上的各种商家和服务机构,有产品零部件、机械、服务的供应商,产品的生产和服务商,以及金融机构和相关产业的企业;有互补产品的生产企业和专业设施的提供者,以及产品的销售企业;有职业培训等服务机构以及制定标准的机构;还有对集群有重大影响的政府部门和管理机构,以及贸易协会和民间团体等。[3]

笔者从当地政府部门获取的一份题为《传承 创新 发展——许昌钧瓷文化创意产业园区》的文字稿,基本勾勒了神垕镇钧瓷文化创意产业园区的面貌。

该园区地处禹州市、郏县(市)交界处的中国钧瓷之都、中国历史文化名镇神垕镇。位居禹州市区西南20公里,规划面积3平方公里,是以钧瓷生产、研发、销售为主要内容,集作品展示、制作体验、文化旅游为一体的综合性产业园区。目前园区已入驻钧瓷文化企业48家,占文化企业总数的90%以上,有国家级工艺美术大师3人,国家级陶瓷艺术大师2

人,国家级非物质文化遗产钧瓷传承人4人,省级工艺美术大师、陶瓷艺术大师129人,吸纳就业人数8500人以上,总资产达到37亿元。

　　禹州市政府为园区专门成立了神垕古镇开发中心,主要承担园区的规划、建设、管理、推介和对外宣传。同时精心编制《钧瓷文化创意产业园区规划》,增强策划规划的引导力和操作性。在具体实施过程中,首先完成园区基础设施和配套工程,包括先后完成禹(州)神(垕)快速通道、省道236线、西北环路、北环路、关帝大道、乾鸣大道等道路建设;完成纸坊水库引水、园区天然气、电力通讯、供水管网等基础设施建设,开工建设了南水北调神垕支线、垃圾处理、污水处理等事关长远的项目工程;其次提升包装园区的内钧瓷文化企业,按照旅游接待标准投资1300万元对孔家钧窑、大宋钧窑、神州钧窑等企业实施文化企业包装提升,努力形成"一窑一品"特色。目前,孔家钧窑被授予"国家文化产业示范基地"称号(图5-1);杨志钧窑被授予"国家级非物质文化遗产保护基地"称号。三是实施品牌带动战略,加快产品档次提升。坚持钧瓷艺术化、产业化、市场化发展方向,做好传统、现代、日用三个系列。其中最突出的就是近年来,先后有56件钧瓷作品作为国礼被国家领导人赠送给外国政要。同时也在加快钧瓷产品的创新和丰富表

图5-1　孔家钧窑所建钧瓷文化园

现手法的努力中,诞生了"中原壶"和"钧瓷首饰"等艺术性与实用性俱佳的系列作品。最后是加强行业人才培养,已培养钧瓷行业骨干1600人次,提升了钧瓷行业的整体水平。

纵观当前我国文化产业集群现状,不难发现促使文化产业集群发展的基本上有三个原因:

一是原生型的集群模式,这是企业在自我发展过程中自发形成一定的集群规模,属于企业行为。这里有几个方面内因:(1)资源依赖型的企业在资源富集区发展,最后聚到一起形成产业群。如自然资源依赖、人力资源依赖和文化资源依赖等;(2)由于共同的文化背景、制度背景和风俗习惯等,产生行为结果的可预见性,形成彼此的信任和安全感,为市场交易提供方便,从而集聚在一起形成产业集群,具有地方根植性。(3)根据产业发展需要形成自发性的集聚,形成产业链或共享资源与服务平台;二是主导型集群模式,是完全的政府行为,即通过政府带有引领性和强制性的规划实施来实现。如通过老工业区改造形成文化产业区等;三是嵌入式的集群模式,即由政府支持的企业行为。

从钧瓷文化创意产业园区现状来看,显然属于主导型集群模式。事实上这份《传承、创新、发展——许昌钧瓷文化创意产业园区》文字稿也明确了园区的集群模式,即"建立'政府主导、市场运作、社会参与'的模式"。在政府的努力下,园区形成了基础设施与服务平台,并有48家钧瓷文化企业在神垕镇这个地理空间内扎堆,形成了以工艺美术大师等名家为核心的产业人群,成为以钧瓷生产、研发、销售产业链为主要内容,并集作品展示、制作体验、文化旅游等文化展示、体验内容为一体的综合性产业园区,基本具备了文化产业集群的特征。

二、钧瓷产品特征与艺术品市场集群发展

钧瓷窑变釉由于釉色的相互交融而产生的无数颜色不一、形状各异的釉色形态,是构成钧瓷产品的一个重要特征,历来有"入窑一色,

出窑万彩"、"钧瓷无对,窑变无双"等赞誉。窑变诸象颇为神奇,因此,在古陶瓷的制作中最能体现陶瓷美学的本意,并具有丰富的文化内涵,素有艺术瓷之称。

陶瓷、漆器、蜡染、织绣、家具、竹木牙雕等传统手工艺,一般都归入工艺美术品。那么它们又能否称为艺术品呢?

据有关资料,"工艺美术"这个名词最早是由蔡元培先生在受到英国近代莫里斯倡导的"艺术与手工艺运动"的影响后而使用的,在传统行业中通常被称作手工艺。但学术界普遍认为,目前如果将工艺美术等同于手工艺则过于简单化了,"忽视了工艺美术的基本规定性,即它是处于物质产品与审美产品之间的过渡形式。就其物质功能来说,工艺美术品所含有的观赏性手工艺品的物质功能已基本消失;就其审美功能来说,这类工艺品的观赏性已成为一种纯粹观照性的意识活动,而不是单纯地与感官舒适感相联系的综合感知。因此,从最大意义上说,工艺美术是包容了人类一切有关审美意识与物质实用功能的统一体,以及达到精神与物质、主观与客观高度统一的人类意识行为"[4]。笔者认为,作为古代所称的"百工之艺",其实工艺美术的使用范围较多地发生在与绘画、雕塑、建筑等与艺术密切相关的纯艺术领域,因此工艺美术同样以完美的形式、结构、技巧表现情感,藉以满足人们的审美需要和精神需要,同书画、玉器等一样是源于中国民族文化资源的艺术品。

根据钧瓷产品尤其是陈设瓷的特征,钧瓷显然也被归入艺术品范畴,并历来注重艺术化、高档化的发展方向,近年来,许昌钧瓷文化创意产业园区就先后有56件钧瓷作品作为国礼,被国家领导人赠送给外宾政要,在市场上形成了艺术瓷、礼品瓷、收藏瓷等一些基本概念。因此从文化产业分类的角度来看,钧瓷产业集群精确地表述应该归入艺术品市场集群。

综合文化产业集群的要素和艺术品消费自身的特点,艺术品市场集群应当满足以下一些基本要素:

一是有一个给众多企业、机构扎堆的地理空间，这个空间可以是一个单独的实体市场或园区等微观层面的集核式空间，也可以是在一定范围内的地域空间，其形式可以是点状的，也可以是网络状的。

二是集群围绕艺术业中一个或多个子项为核心，各子项之间有共同的文化背景或形成文化互补，形成整体的文化表达。

三是有众多企业、机构集聚一地或彼此靠近，而这些众多的企业在一定的集群空间里以专业化分工与协作为基础，形成一个相互依存的共生体，可以是组成产业链型的分工协作，集生产、展示、营销、交易为一体；也可以组成共享产业要素和基础设施平台的横向聚集。这些企业和机构包括产业链上的各种商家和服务机构，有产品原材料、机械、服务的供应商，产品的生产和服务商，以及金融机构和相关产业的企业；有互补产品的生产企业和专业设施的提供者，以及产品的销售企业；有职业培训等服务机构以及制定标准的机构；还有对集群有重大影响的政府部门和管理机构，以及贸易协会和民间团体等。如果是横向聚集，应当具有艺术家与消费者直接接触的条件，艺术家、消费者不受经营商控制。

四是无论是艺术品企业产业链式的纵向集聚还是互补性的横向集聚，均应有艺术博物馆、展示馆的参与，这是艺术品市场最大的开源之地。没有艺术素养的浸润，就没有消费者审美鉴赏力的提高和购买艺术品的动力；没有文化表达，就没有文化诉求，更没有文化认同。

五是与其他文化产业注重大学、智囊团等不同的是，艺术品市场的集聚更注重优秀人才的集聚，也就是说形成一个艺术大师、工艺美术师等名家人群，筑就人才高地，由人才吸引企业入驻和形成消费者体验与交易的动力。如果仅仅是工匠与艺术复制品的集群，那只是产业集群，而不是艺术品市场集群。

六是公平正义的开放式市场环境，艺术品供给的外在环境就是艺术品交换所需要的制度环境。因此艺术品交易需要一个规范的市场环境，如果赝品猖獗、欺诈横行、恶意炒作和虚假广告等泛滥，必定导致市场失范。

综合以上论述，我们可以对艺术品市场集群的概念作出一个基本的界定：艺术品市场集群是指一个或多个艺术品产业，以艺术名家或名品为核心，与诸多相关企业共处一个具有相同或相似文化背景的地理空间，以法治原则形成市场环境和文化艺术展示；产业合作互补；产品创新、展示、体验与交易的产业组合，共享产业要素和基础设施平台，以产生孵化效应和整体辐射力的艺术品生产、营销的产业群落。

艺术品市场集群有两个基本类型：一是产业链型，二是营销群型。

产业链型的艺术品市场集群与其他文化产业有许多相同之处，都是有众多企业、机构集聚一地，而这些众多的企业在一定的集群空间里以专业化分工与协作为基础，形成一个相互依存的共生体，组成产业链型的分工协作，集生产、展示、营销、交易为一体。所不同的是产业链型的艺术品市场集群有较浓郁的资源依赖色彩：一是自然资源依赖，如制瓷必须的陶土等自然资源；二是文化资源依赖，如钧瓷对禹州当地源远流长的钧瓷文化资源存在着离之不去的依赖性；三是人才资源依赖，如工艺美术大师、训练有素的陶工等。

产业链型的艺术品市场集群对资源的依赖有时候往往是综合性的，如钧瓷艺术品产业集群，不仅对当地陶土等自然资源有着严重的依赖，而且延续近千年的钧瓷文化资源和产业，也孕育了一代又一代的产业人才，而且涌现了众多名家大师，这是其他地域无法比肩的综合资源优势。

产业链型的艺术品市场集群其核心产业一般呈现出单一性的特点，地域环境以乡镇为主，整个集群重心侧重于艺术品生产、创意，绝大多数产品以批发的形式直接运往大中城市销售，当地产品直销比重较小。因此，拥有艺术品的供给和具有支付能力的消费者形成的巨大供需关系的大中城市里，侧重以艺术品直销为主的艺术品营销型市场集

图5-2　神垕镇古玩城，每周二开市

群，就在民间自发和官方规划的基础上形成了。

营销群型的艺术品市场集群主要是以艺术品经营中介为主的集群，如画廊、工艺美术品商店、古董店（图5-2）；亦有自产自销型的艺术家工作室、画铺、工艺美术品作坊等，与其他相关企业、机构、艺术馆等形成横向的营销集群体，共享基础设施平台和集群效应。与以往非集群的艺术品销售所不同的是，集群体内的艺术品经营中介更多的是利用集群体的整体效应，积极寻求交易。以往的销售是等待顾客问价交易，体现的是供给者本位；而集群体内的积极寻求交易是一种营销，体现以消费者为本位的交易引导。虽然每一位消费者的文化艺术观念都会受制于自身的生活习惯、教育程度、审美偏好等的影响，但集群体内的文化与艺术展示、体验，有助于提升消费者的品鉴能力，促使消费者文化艺术观念的深化或转移，从而有利于对其进行交易引导。其次，集群体内的法制和诚信的市场环境，能增强消费者对艺术品独有价值的证明产生可信度，以消除价值顾虑，建立消费信心；第三，消费者通过对集群体内的同类艺术品的价格比较，能便捷地了解掌握市场基本行情，便于营销人员对其进行价格说服。

营销群型的艺术品市场集群虽然主要以"经营商——消费者"交易

区段为主的直销，但这并不会在艺术家与消费者中间产生交易屏障。消费者在集群体内通过艺术家工作室、工艺美术品作坊等形成"艺术家——消费者"直接交易区段，不受经营商的控制和左右，艺术家不会仅仅成为经营商赚取利润的工具，消费者亦可直接表达自己的消费意志。

三、钧瓷产业集群分析与思考

梳理了艺术品市场集群的要素特点之后，笔者尝试结合对钧瓷产业集群的观察，对钧瓷艺术品市场作一些具体的分析。

虽然钧瓷积累了近千年的文化资源，但当代钧瓷产业溯源还应当回到清代光绪五年（1879年）神垕镇陶工卢振太及其子卢天福、卢天增、卢天恩等开创的"卢钧"。经过百年薪火相传，到了20世纪80年代初，在禹州形成了公有制的四大企业：地方国营禹县瓷厂、禹县钧瓷一厂、禹县钧瓷二厂和神垕镇东风瓷厂，并形成了"宝光"、"宇宝"、"瑰宝"钧瓷品牌。钧瓷生产达到了最辉煌的时期，其产品被收藏界誉为"共和国官窑"。20世纪80年代后期，四大公立窑厂开始衰落，钧瓷生产很快形成了以县、镇、村组和私家开办企业的格局。目前，神垕钧瓷注册生产厂家83家，其中大宋官窑、孔家钧窑、杨志钧窑、荣昌钧窑、苗家钧窑、金堂钧窑、金典钧窑等已成为规模较大、档次较高的大型企业。

综观以神垕镇为中心的钧瓷产业百年发展历史，其实这个地区属于典型的制瓷业老工业区。在长期的发展过程中已形成了一定的集聚规模，这里有几个方面的原因：一是由于对自然资源依赖、人力资源依赖和文化资源依赖等，使得这些企业在钧瓷文化富集区内发展，最后聚到一起形成产业群。二是由于共同的文化背景、制度背景和风俗习惯等，具有地方根植性，使行为结果有可预见性，从而形成彼此的信任和安全感，为市场交易提供方便，从而集聚在一起。然后，政府又依托以上这些已有的资源与产业地方根植性，在计划经济时代规划形成了公有制的四大"共和国官窑"。同样,在当今国家大力发展文化产业的经济发展思路背景下,利用老工业区改造,由政府主导发展文化产业园区,其集群的地理空间呈地域性的点状集聚。

在这个集聚地理空间中,以钧瓷文化传播与钧瓷产品生产为核心,众多企业、机构集聚神垕镇或在禹州市范围内彼此靠近,以专业化分工与协作为基础,形成一个相互依存的共生体,组成了集生产、展示、营销、交易为一体的产业链型的分工协作,包括人才培训、金融服务、钧瓷行业团体、钧瓷研究机构等左右链。《传承 创新 发展——许昌钧瓷文化创意产业园区》文字稿还进一步明确要完善上下游和左右链,全面做好上游产品的生产设计和下游市场销售推广的衔接,完善左右链包装印刷、三产服务、物流运输等相关行业的发展。"钧瓷带动的陶瓷业崛起进一步延伸促进当地煤炭、陶土、采矿业、运输业、旅游业等其他相关产业的发展,形成当地相对紧密的、可持续发展的产业链和经济体系"。[5]集群体具有一定的向外辐射力。

在钧瓷文化传播方面,钧台钧窑遗址和禹州钧官窑址博物馆(图5-3)形成立体景观式的文化历史展示,使消费者、旅游者接受钧瓷历史与文化艺术素养的浸润;而以禹州市宣和陶瓷博物馆(图5-4)为代表的一批民间博物馆,则以雄厚的历代钧瓷系列与精品馆藏及展示,提升了消费者的审美鉴赏力和对文物艺术品的甄别能力,继而形成购买艺术品的动力。产业园区内还计划筹建"钧瓷博览城"以进一步强化钧瓷文化与历史的传播。

钧瓷之乡神垕镇还培养孕育了一大批钧瓷工艺美术大师,历年出生于神垕的钧瓷大师主要有卢广东、王凤喜、郄杰等。当代的有中国工艺美术大师刘富安、孔相卿、杨志,中国陶瓷工艺大师、河南第一位工艺美术终身成就奖获得者晋佩章,中国民协陶瓷协会主任阎夫立,以及一大批河南工艺美术大师等钧瓷大师。艺术品市场十分注重优秀人才的集聚,以形成一个艺术大师、工艺美术师等名家人群,用"名人"、

图5-3　中国禹州钧官窑址博物馆

"名品"及"名文化"突出文化特色和提升产品形象,以增加产品文化与经济的附加值。当地在计划筹建的文化项目中,包括建设"钧瓷大师园",其中有大师作坊、艺术会展中心、钧艺坊、艺术家会馆等,集艺术创作、珍品展示、观光旅游、学术交流为一体,以推进钧瓷文化产业集聚发展。

纵观钧窑艺术品市场集群,不难发现其具有以下比较显著的效应:

一是区域根植性效应:由于钧窑艺术品市场产业链型的创意集群有较浓郁的资源依赖色彩,诸如自然资源依赖,人才资源依赖和文化资源依赖等。尤其是文化资源依赖,因为艺术品产业集群不仅像其他产业集群一样,要以地方经济基础发展作为主要的支撑,更要以地方文化资源形成主要的产业特色;与此同时,由于地理接近性,集群体内的企业具有共同的文化背景和社会习惯,甚至企业家之间很多具有亲缘关系。身处"熟人社会",这种区域刚性使得艺术品市场产业链型的创意集群比较稳定,集群体的这种根植性有利于产业的长期发展,并对品牌的形

图5-4　禹州市宣和陶瓷博物馆

成和消费者的信赖都将产生积极的影响。

二是共生效应：所谓共生效应是指集群内众多的钧瓷文化企业和相关机构具有关联性，能够共享诸多产业要素；同时地理上的集中能够使钧瓷文化企业节约信息获取和基础设施建设等成本，从而比较及时地得到配套产品和相关服务。

三是吸聚效应和衍生效应：集群规模越大，越能吸引更多创意人才和相关企业、机构的加入，同时集群内人员也可以成立新的公司和相关经济实体。

四是创意几何效应：文化产业集群整合了竞争压力、激励机制、基础设施、融资环境、市场环境、制度环境、知识资本、人力资本、社会资本和文化资本等影响产业创新的诸多因素，并由此激发创新效应。[6]钧窑艺术品市场产业链型的集群有助于通过创意与其他产业成功嫁接组合，使创意产生几何效应。如在集群体内与旅游产业嫁接组合，与民俗节会、艺术会展嫁接组合，与影视、娱乐、出版嫁接组合，钧瓷文化模式与其他传统文化模式嫁接组合等，以此衍生出诸多艺术品产业链。

与此同时，通过对钧瓷艺术品市场的实践观察，也引发了笔者的一些思考：

一是钧瓷必须解决产品高端化与产业规模化的发展瓶颈。

从当代钧瓷产品来看，基本上是在历史文化知名度的背景下走精品化的高端路线，在钧官窑的历史财富以及大量钧瓷作品作为国礼在被国家领导人赠送给外宾政要影响下，使得钧瓷产品竭力高端化（图5-5），并逐渐演化为三种路线或模式：第一种是"礼品化路线"，通过商家或中间人的运作，钧瓷作品成为重大政治、经济活动的礼品，以增加其知名度和重要性，从而扩大其在商业运作中的利润空间。第二种是"收藏品路线"，收藏者多为名人、政要或者专业权威的博物馆等机构，以突出钧瓷的名贵。第三种是力争在大型陶艺专业评比中获得高名次。[7]但是，产业化的基本特征就是产品的标准化与规模化，文化产业就是按照工业标准生产、再生产、储存以及分配文化产品和服务的一系列活动。具有批量化生产的规模特征。目前钧瓷

图5-5　当代　钧窑窑变荷口尊

产品的三种路线或模式实际上就是高端艺术瓷路线,少量被赠送、收藏乃至天价炒作只能提升其单件艺术瓷的价值和钧瓷的名声,但无法形成产业规模。而像炻瓷、白瓷、花盆等粗瓷虽然能形成产业化规模,却担当不起钧瓷名声在外的"贵族"身价。

2002年由河南省质量技术监督局发布并实施的《河南省地方标准·钧瓷》将钧瓷按照胎质、外观、纹路、造型等分为珍宝级、珍品级、精品级、合格级,同时出台了《河南省钧瓷艺术标准》。从工艺上来说,传统工艺烧制的钧瓷成品率低、标准化程度低、烧成上有很大程度的不确定性,很难产生像炻瓷、白瓷、花盆等可以产业化生产的瓷种所形成的规模化,而现代气烧工艺却可以实现预期的标准化、规模化,但气烧钧瓷乳浊感不鲜明,窑变效果不足。因此作为具有强烈的写意性、抽象性的钧瓷窑变釉艺术瓷,其烧制本身仍会有许多不可预期性,加之艺术瓷自然天成的意境在产品评品标准上相对难以把握,以此,钧瓷文化产业要发展,仍然必须解决产品高端化与产业规模化的发展瓶颈问题。

二是自我孵化效应和知识溢出效应需进一步强化。

由于钧瓷文化创意产业园区是政府主导型的产业集群,因此政府在"以钧带陶"、"以瓷兴镇"的发展战略带动下,联同钧瓷名窑、著名钧瓷艺人,借助一系列的展销、评比、研讨、文化节、考古挖掘、博物馆建设、申报大师、钧瓷古镇复原改造等文化、基建活动,打造钧瓷文化的知名度,推动地方经济社会的整体发展。同时钧瓷作为"国礼"、"官礼"而受到各级政府的关注,而"'上边'的关注,常常带有政治意涵,甚至转化为政治任务或量化为政治指标,促成地方倾力以赴,力所能及地为钧瓷的发展提供良好空间和区域环境"[8]。但政府介入过深也会相对弱化集群体自身的自我孵化能力,一个在较长的历史时段上不断线,又没有什么刻意的强权计划,而真正意义上是由于市场的存在而造就的产业,那是真正的需求,不单是生理上的,而是心理上的,此乃真正经得起考验的文化产业。

其次,集群内的文化企业彼此具有紧密的共性与互补性,使得技术、信息、人才、政策以及相关企业要素等资源能够得到充分共享,知识传播与创新的速度通过产业集群迅速推广,溢出效应达到最大化,并大大提高整个产业集群的竞争力。然而钧瓷毕竟是源于传统手工业的一种文化资源,加之当今钧瓷产品走精品化和高端化路线,其制作的关键部分配釉、烧制仍然是集群体内各文化企业的"秘方",无法自动产生知识溢出效应。

第三节 文化模式在钧瓷产业规模化发展中的运用

本书在第四章的第三节中就文化模式的形成进行了论述,提出一个时代的文化时尚就是这个时代同一文化圈的群体所选择的主流生活方式,而某个历史时期形成的群体性选择适应社会的生活方式。相对其可能的诸多特殊对象,保持其同一性而显现为一种认识和行为模式,且无条件地反复使用,逐渐形成长期固定的行为模式和与之相伴的物质表现形式,通过与其可能的诸多特殊对象表现形态的整合建构一种文化模式,形成一个更方便直观地理解文化的概念。同时,一个文化产品的成功,毋庸置疑地必须依凭某一个历史时期文化模式的成型固化,宋代的钧瓷、建盏均如此。

同时也指出,每个历史时期的文化模式不是一成不变的,在社会历史与生活方式的不断变化演进过程中,已有的时代文化模式既有一定的延续性,也往往会被一种新兴的时代文化模式所替代,从而走向消亡。

在宋代,钧瓷以其体现了文人士大夫的审美时尚和丰富的文化内涵,成为宋代主流瓷品,因此产品的生产目的已经大大突破单一实用性,在成为趋向实用的同时又能成为赏心悦目的高级工艺品的制作。窑变釉和釉中挂红、挂紫看似并未刻意雕琢,但是就是这样自然而有富于变幻的釉色,却极大地体现出当时文人所追求的富于文化内涵的低调奢华,并最终成为御用瓷器,于是风尚时髦,上行下效,逐渐成型固化为钧瓷产品所依附的文化模式。

要探索当今以高端艺术瓷为主的钧瓷产品所依附的文化模式,我们首先来读一段当地学者王洪伟博士在其著作《传统文化隐喻——禹州神垕钧瓷文化产业现代性转型的社会学研究》中关于钧瓷"社会资本和政治资本"的一段阐述:"历史上,由于钧瓷成品的稀缺性,也成就了其珍贵性,拥有钧瓷是一种高等社会身份或社会地位的象征。钧瓷作品从而脱出了其一般性产品或商品的经济特质,甚至在新中国成立后计划经济时代的长时期里,在国家和地方的政策导向下,少量研制生产的钧瓷作品主要出口为国家创收外汇,另外的基本都成为个人礼品,地方企业或地方政府'官礼',或国家外交活动的'国礼'。作为拉近'关系'的'润滑剂',钧瓷具有建构出具有亲近性的社会关系网络的特殊功能,特别是为企业和地方政府官员个人建构通畅、私密性、亲近性的政治关系和社会关系。

从个人层面,具有神垕地方党政经历的行政或企业官员,政治上升迁的几率较之禹州其他乡镇的官员要高许多,同时,由于钧瓷的这种高档礼品功能,基层政府和企业借助钧瓷礼品,也能更轻便的从上级那里争取到企业和地方需要的稀缺资源和倾向性政策,为企业和地方政治经济发展带来一定的政治经济发展动力。"[9]

这种整合当代政治文化、社会文化的个人选择行为的方式,以权力社会和人情社会为依托,以具有亲近性的社会关系网络为纽带,从而形成并固化了当代钧瓷精品所依附的新兴文化模式。

而当代钧瓷这种礼品瓷、精品瓷的定位必然导致钧瓷的小众化,这与文化产业的大众化、普及化、可复制性的特点形成了很大距离,从而成为产业发展的瓶颈。同时,趋同的精品化市场定位也导致了趋同的产品路线,甚至趋同的宣传词,这也不利于钧瓷企业品牌的个性化宣传与品牌形象打造。

钧瓷产业要打通规模化发展的道路，必须在中国传统文化资源中，寻找文化对接、吸收与互补，形成或依附其他相同或相近的文化模式，从而打造依附新兴文化模式的文化产品。

这里我们以茶文化为例。茶道被视为一种烹茶饮茶的生活艺术，一种以茶为媒的生活礼仪，一种以茶修身的生活方式。形成了几种成熟且稳定的表现形式，如煎茶、斗茶、工夫茶、开碗、名器等；器皿用具也固化成型，置茶器、理茶器、分茶器、品茗器、涤洁器、茶宠等也都被视为喝茶的必备用具。如斗茶用建窑茶盏的习惯在宋代曾风行一时，而使用紫砂壶喝茶的偏好从明代承袭至今。同时，茶文化与其他气质相似的文化形态可以形成交流、融合和嫁接，如香道文化与茶文化的融合，红木家具与茶文化的对接等。笔者认为钧瓷可以尝试效仿这些成功的文化对接，形成新兴固化的、为钧瓷产品所依附的文化模式（图5-6）。宜兴紫砂壶在当今茶文化领域一家独大，但是紫砂杯子由于吸水性较大，并不适合用来喝茶，加之外观性差，不适宜像紫砂壶一样把玩等缺陷。钧窑或许可以利用这一点，与紫砂壶搭配，挖掘自身的产品优势，成为茶文化模式中必不可少的一员。如钧瓷蚯蚓走泥纹与紫砂绞泥壶有着异曲同工的艺术特色，十分适宜文化对接。

在探索钧瓷产品开发新路径时，我们还要理清奢侈品与收藏品这两个不同的概念。奢侈品最终大部分是被消费掉的，而收

图5-6　当代　宣和钧窑茶具产品

藏的目的在于保真增值,很少被使用和消费。因此,收藏品的需求量是相对较少的,而奢侈品由于被消费,因此需求量相对更大一些。笔者认为,钧瓷如果既要继续保持精品化的道路,又想扩大销售的话,应该注意收藏品与奢侈品的错位经营,更加注重消费性奢侈品的开发。

同时,钧瓷企业也可以根据自身的资源组合,选择区别于其他钧瓷企业的发展重点进行生产和经营,形成错位经营,默契地相互依存,相辅相成,从而避免价格战、产品战和广告战,寻求共同的发展,在产业集群体内形成共生体。虽然日用瓷器看起来比较低端,但销量却是高端收藏品所不能企及的。如今人们越来越重视生活的艺术化,钧瓷要想扩大知名度和影响力,走入亿万人的日常生活中,日用瓷器的生产、开发是必不可缺的。目前钧瓷企业中专门从事日用瓷器生产的企业寥寥无几,尤其是知名企业中更是少之又少,这是钧瓷企业寻求错位经营的一个值得重视的领域。

第四节 钧窑产业衍生文化产品的开发

钧瓷衍生产品是指以钧瓷传统文化内涵为基础,对其周边的潜在资源进行挖掘的产品。在考察中笔者看到有些钧瓷企业已经开始开发衍生产品,比较成功的是时尚饰品的开发,如钧瓷手串。这种时尚饰品,更容易被当代人接受,并可以此开拓年轻人的市场。但目前钧瓷衍生产品的开发品种比较单一,而且多是借鉴其他瓷种的创意,缺少独家专利。当地政府或钧瓷企业可以委托既熟悉钧瓷文化,又懂市场、善创意、高品位的艺术家来创意、研发、制作钧瓷衍生品。

与此同时,应当不断强化钧瓷产业集群的自我孵化效应和知识溢出效应,吸引集群体的人才导入。一般认为,产业集群体内具有吸引人才的因素。首先,在同一产业的集群体内,由于同类企业的大量集聚,形成巨大的专业人才需求,并共享同一个专业的劳动力市场,对专业人才而言在集群体内就业机会就会大大增加,并且失业概率低,增强了从业安全感,这对于专业人才有着巨大的吸引力;其次,集群体内的知识溢出效应和人才协作竞争同样形成人才吸引力;第三,文化产业集群体的品牌效应在同业竞争中也将产生良好的影响力,使人才个体的发展能够"搭便车";第四,文化产业集群内部文化名人、艺术大师的"扎堆",形成人才自我强化增进的特点,从而吸引更多的人才流入集群体内。

钧瓷产业集群体能够吸引既熟悉钧瓷文化,又懂市场、善创意、高品位的艺术家来创意、研发、制作钧瓷衍生品。对自身的发展又反过来形成巨大的推动作用,由于文化产业具有依靠人才进行文化创意、技术创新的特点,人才集聚又会吸引更多的企业入驻,形成更大的规模效应和整体辐射力,有利于文化产业集群综合竞争力的提升。

另外,文化产业的本质是内容产业,即所谓的不消耗自然资源的无烟产业。钧瓷文化产业的内容就是"入窑一色,出窑万彩"的神奇变幻的窑变艺术瓷纹饰,以及"纵有家财万贯,不如钧瓷一件"的"贵族"身价,用其充满贵族气质的窑变纹饰进行服饰和其他日用品的开发,脱离瓷产品形式本身,拉长其产业链,从而以内容形成品牌,并寻求知识产权保护,也不失为开发衍生产品的一条路径。

注释:

[1] 马骋、吴桥著:《艺术品市场与集群发展——从民族文化资源到文化产业》,上海人民出版社2013年版。

[2] [法]皮埃尔·布迪厄著,武锡申译:《资本的形式》,载薛晓源、曹荣湘 主编:《全球化与文化资本》,社会科学文献出版社2005年版。

[3] 马骋、吴桥著:《艺术品市场与集群发展——从民族文化资源到文化产业》,上海人民出版社2013年版。

[4] 徐琛著:《20世纪中国工艺美术》,广西师范大学出版社2011年版。

[5] 王洪伟著:《传统文化隐喻——禹州神垕钧瓷文化产业现代性转型的社会学研究》中州古籍出版社2011年版。

[6] 向勇、刘静主编:《中国文化创意产业园区实践与观察》,红旗出版社2012年版。

[7、8、9] 参见王洪伟著:《传统文化隐喻——禹州神垕钧瓷文化产业现代性转型的社会学研究》,中州古籍出版社2011年版。

历代钧窑瓷器标本图典

图1-1　北宋 钧窑天青釉长颈瓶

图1-2 北宋 钧窑天青釉长颈瓶圈足

图1-3 北宋 钧窑天青釉长颈瓶釉色，可见清晰的棕眼气孔

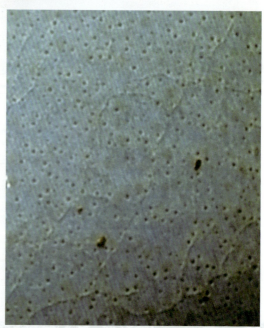

图2　宋代　钧窑紫釉渣斗式瓷花盆

图3 宋代 钧窑鼓钉洗

图4 宋代 钧窑碗

图5 宋代 钧窑天青釉挂紫斑窑变敛口碗

图6 宋代 钧窑花口瓶

图7　宋代　钧窑三足炉

图8　宋代　钧窑鸡心罐

图9-1　宋代　钧窑瓷盘

图9-2　宋代　钧窑瓷盘圈足

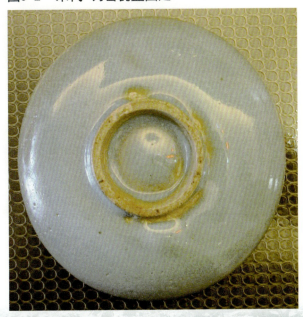

图10　宋代　钧窑罗汉碗

图11　宋代　钧窑盏托

图12 宋代 钧窑龙首杯

图13 宋代 钧窑莲瓣洗

图14-1 金代 钧窑窑变碗

图14-2 金代 钧窑窑变碗

图15-1 元代 钧窑挂红折沿洗

图15-2 元代 钧窑挂红折沿洗圈足

图16　元代　钧窑挂紫斑双系罐

图17-1　元代　钧窑双系罐

图17-2　元代　钧窑双系罐内部

图17-3　元代　钧窑双系罐圈足

图18　20世纪五六十年代　钧窑凤耳瓶

图19　20世纪五六十年代　钧窑长颈瓶

图20　20世纪70年代　钧窑瓷塑

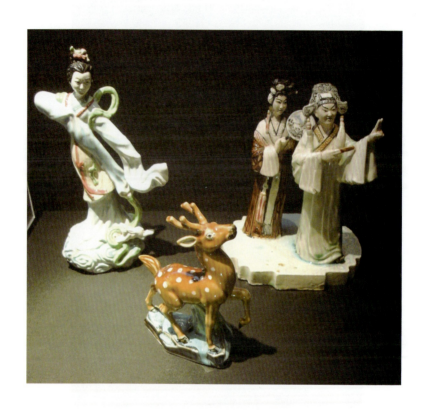

图21 20世纪70年代 钧窑莲花式花盆

图22　20世纪70年代　钧窑象鼻尊

图23 20世纪80年代 钧窑三足炉

图24　当代　钧窑渣斗

图25 当代 钧窑月白釉出戟尊

图26 当代 "金典钧窑"作品《象鼻炉》,艺术效果"飘雪"

图27 当代 宣和钧窑作品《如园》系列之一

图28　当代　张金伟钧窑作品《太极》

主要参考文献

1. 何新所辑注：《钧瓷历史文献辑注》，学苑出版社2012年版。
2. 熊寥、熊微编著：《中国陶瓷古籍集成》，上海文化出版社2006年版。
3. 梁宪华、翁连溪编著：《中国地方志中的陶瓷史料》，学苑出版社2008年版。
4. 《中国陶瓷名著汇编》，中国书店1991年版。
5. [宋]吴自牧著，符均、张社国校注：《梦粱录》，三秦出版社2004年版。
6. [宋]程颢、程颐著，王孝鱼点校：《二程集》，中华书局1981年版。
7. [宋]李觏撰，王国轩点校：《李觏集》，中华书局1981年版。
8. [宋]陆游撰：《老学庵笔记》，中华书局1979年版。
9. [元]陶宗仪撰，王雪玲校点：《南村辍耕录》，辽宁教育出版社1998年版。
10. [明]文震亨著，海军、田君注释：《长物志图说》，山东画报出版社2004年版。
11. 吴仁敬、辛安潮著：《中国陶瓷史》，团结出版社2011年版。
12. 赵汝珍原著，熊廖译注：《古瓷指南》，天津人民美术出版社2003年版。
13. 陈万里著《中国青瓷史略》 上海人民出版社1956年版。
14. 中国硅酸盐学会编：《中国陶瓷史》，文物出版社1982年版。
15. 冯先铭主编：《中国陶瓷》，上海古籍出版社2001年版。
16. 张之恒主编：《中国考古通论》，南京大学出版社2009年版。
17. 刘子健著，赵冬梅译：《中国转向内在——两宋之际的文化内向》，江苏人民出版社2002年版。
18. 刘方著：《宋型文化与宋代美学精神》，巴蜀书社2004年版。
19. 张邦炜 等著：《宋辽西夏金社会生活史》，中国社会科学出版社1998年版。
20. 许总著：《宋明理学与中国文学》，百花洲文艺出版社1999年版。
21. 胡小鹏著：《中国手工业经济通史·宋元卷》，福建人民出版社2004年版。
22. 晋佩章著：《钧窑史话》，紫禁城出版社1987年版。
23. 王洪伟著：《传统文化隐喻——禹州神垕钧瓷文化产业现代性转型的社会学研究》，中州古籍出版社2011年版。
24. 刘涛著：《宋辽金纪年瓷器》，文物出版社2004年版。
25. 李少颖著：《阳翟瓦庐集》，中州古籍出版社2009年版。
26. [法]让·鲍德里亚著，刘成富等译：《消费社会》，南京大学出版社2008年版。

27. [法]皮埃尔·布迪厄著,武锡申译:《资本的形式》,载薛晓源、曹荣湘主编:《全球化与文化资本》,社会科学文献出版社2005年版。
28. [美]露丝·本尼迪克特著,王炜译:《文化模式》,社会科学文献出版社2009年版。
29. 吴龙辉主编:《煮泉小品》,中国社会科学出版社1993年版。
30. 马骋、吴桥著:《艺术品市场与集群发展——从民族文化资源到文化产业》,上海人民出版社2013年版。
31. 马骋、李剑敏编著:《中国名窑地图》,上海文化出版社2005年版。
32. 徐琛著:《20世纪中国工艺美术》,广西师范大学出版社 2011年版。
33. 李乔著:《行业神崇拜》,中国文联出版社2000年版。
34. 向勇、刘静主编:《中国文化创意产业园区实践与观察》,红旗出版社2012年版。
35. 胡惠林主编:《我国文化产业发展战略理论文献研究综述》,上海人民出版2010年版。
36. 禹州市地方史志编撰委员会编、臧文莹主撰:《钧瓷志:1988—2008》,中国文史出版社2008年版。
37. 贺文奇著:《钧窑传统制瓷技艺》,河南美术出版社2013年版。
38. 铁源主编:老古董丛书《宋辽陶瓷鉴定(下)》,华龄出版社2001年版。
39. 崔平著:《文化模式批判》,江苏人民出版社2015版。

后 记

  2014年8月下旬,我带着我的学生、华东政法大学人文学院文化产业管理专业的研究生张晓楠、秦礼赴河南省禹州市考察钧窑遗址、扒村窑遗址以及当代钧瓷文化产业,同时对当地历代钧瓷民间收藏与保护进行调研。此行之后,不仅最终完成了我承担的华东政法大学文物艺术品市场与文化产业管理研究中心的研究项目——《"上海市民间收藏文物与保护"立法研究》课题,而且向出版社交出了我主编的"中国名窑遗址丛书"第一辑中最后一卷——《钧窑》卷。在感叹工作辛苦之余,我不仅想起了那些在工作中曾经支持和帮助过我们的朋友,这让我在感叹之时更觉欣慰。

  此次禹州之行,得到了当地诸多专家、学者、朋友的支持与帮助,他们是禹州市宣和博物馆馆长张铭克先生、徐磊先生,当地学者、河南大学陶艺研究与创作中心执行主任王洪伟博士,禹州钧官窑址博物馆馆长兼禹州市钧瓷研究所所长张金伟先生,禹州市钧瓷研究所钧瓷文化研究室主任李少颖先生,神垕镇古玩市场古艺阁主人朱国强先生等,在此向他们表示衷心感谢。

  当代钧瓷产业历史与现状的研究涉及到诸多令人关注的领域,其中包括钧窑的创烧年代、钧瓷文化产业集群发展、钧瓷产品高档化与规模化的关系、钧瓷衍生产品的开发等等,许多难题需要在学术上破解。本书在田野调查和实证分析的基础上,对以上这些问题提出了自己的观点与认识,作为一孔之见以期起到抛砖引玉的作用。

我的学生张晓楠与秦礼在考察之前就作了大量文案工作,秦礼在考察之后因其作为学校所派交流生,东渡扶桑学习而没有参加本书的写作。本书第一章、第二章和第五章的初稿由张晓楠执笔,绪论、第一章第二节中的"钧窑创烧年代"以及第三章、第四章由我执笔,并由我最后对全书统稿改定。

  需要说明的是,钧瓷卢(炉)钧窑第二代传人卢广同、卢广东、卢广华、卢广文,按照中国人的取名习俗应该在家族中为"广"字辈,但当地有些文献资料中又作"光",称作卢光同、卢光东、卢光华、卢光文,为统一起见,本书选取前者,在引用文献写作时一律为卢广同、卢广东、卢广华、卢广文。

  我还要感谢华东政法大学人文学院副院长吴桥老师、艺术教研室王恬老师,以及华东政法大学综治院常务副院长邹荣老师、办公室主任施贵康老师,我承担的立法研究课题和本书的完成离不开他们的支持与关心。

  此外,我特别要感谢我多年的好友、上海知名古陶瓷鉴藏家李剑敏先生。2005年我们曾合作完成《中国名窑地图》一书。此次钧窑遗址考察与本书的写作,又蒙剑敏兄之高谊,给予我诸多帮助。最后,我要感谢上海大学出版社编辑柯国富先生,没有他的创意策划与近年来对我的鼓励与支持,也就没有这套"中国名窑遗址丛书"的问世。

  由于作者水平有限,本书不足之处敬请读者、方家批评指正,如有各类差错,均由我承担责任。

马骋
2015年8月1日

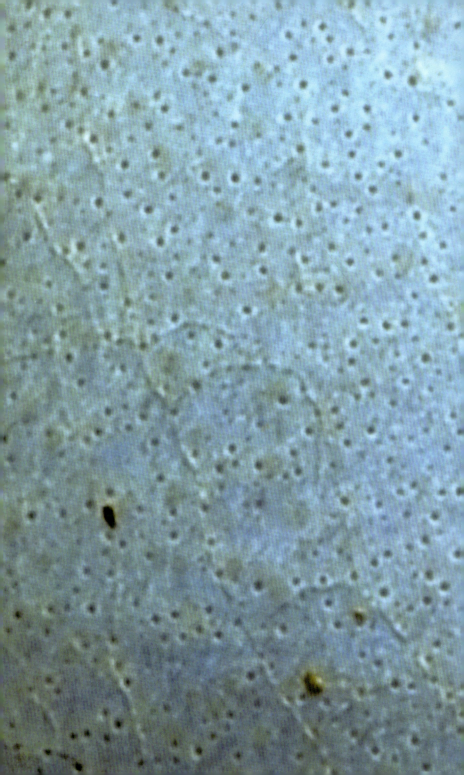

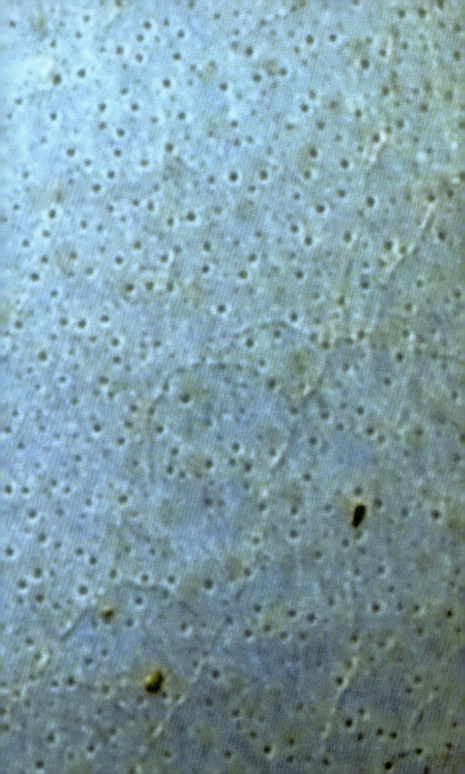